Guyau · Die Kunst als soziologisches Phänomen

Klassiker der Kunstsoziologie 1
Herausgegeben von Alphons Silbermann

Jean Marie Guyau

DIE KUNST ALS SOZIOLOGISCHES PHÄNOMEN

In neuer Übersetzung
herausgegeben von
Alphons Silbermann

SPIESS

Umschlag: Hauke Sturm, Berlin
Druck: Color-Druck G. Baucke, Berlin
ISBN 3-89166-019-7

Inhaltsverzeichnis

Zweiter Teil

Anwendungen
Die soziologische Entwicklung

Vorwort des Herausgebers

Die Situation der Kunstsoziologie, handele es sich dabei um soziologische Erkenntnisse in bezug auf Literatur, Musik, Malerei, Theater oder Film, ist nach dem aktuellen Stand dieser Disziplin noch nicht so weit geklärt, daß Einigkeit über ihre Ansätze, Methoden und Ziele herrscht. Während die einen die Soziologie der Künste in das Gebiet der Kultur- oder Wissenssoziologie verweisen, andere sie der Kunstphilosophie, der Sozialgeschichte der Künste oder einer soziologischen Ästhetik angliedern, und wieder andere von ihr nur als einem den Regeln der empirischen Soziologie folgenden Wissenschaftszweig wissen wollen, zögert niemand, sich in seinen Bemühungen an diese oder jene Denker anzulehnen oder von ihnen auszugehen, die nach Übereinkunft als Vorfahren oder Ahnen der noch oft als „junge Wissenschaft“ hingestellten Kunstsoziologie gelten. Es fallen dann die Namen von Vasari (1511–1574), Amiot (1718–1793), Bonald (1754–1840), Staël (1766–1817), Tocqueville (1805–1859), Proudhon (1809–1865), Taine (1828–1893), Guyau (1854–1888), um nur diese zu nennen – doch wurden ihre Schriften auch gelesen?

Meistens, so wird erkenntlich, werden die Gedankengänge dieser oder anderer Vorgänger, ja auch von bedeutenden Zeitgenossen der Sekundärliteratur entnommen, aus kurz gefaßten Hinweisen. Das hat schon seinen guten Grund. Denn zum einen sind zahlreiche in das kunstsoziologische Gebiet fallende Schriften in französischer, englischer oder italienischer Sprache verfaßt, Sprachen, die nicht einem jeden geläufig sind; und zum anderen liegen von einigen zwar Übersetzungen vor, doch sind diese, ebenso übrigens wie die Originale, längst nicht mehr erhältlich.

Hier galt es, eine Lücke zu füllen; denn was nutzt es schon zu wissen, daß hier oder dort grundlegende kunstsoziologische Theorien und Methoden entwickelt wurden, wenn man sich nicht anhand des schriftlich niedergelegten Wortes mit ihnen auseinandersetzen bzw. ihrem Einfluß nachgehen kann. Eine jede Wissenschaft bedarf der Kontinuität, will sagen, des Rückgriffs auf das wissenschaftliche Erbe. Und wenn es der Wissenschaftsverlag Volker Spiess übernommen hat, mit der vorliegenden Reihe einen kunstsoziologischen Teil des kulturellen Erbes erneut ans Licht des Tages zu bringen, darf er zweifellos des Dankes der heute in der Bundesrepublik bestehenden kunstsoziologischen Zentren, der Hochschulen und Universitäten, an denen Kunstsoziologie gelehrt wird, gewiß sein.

Zu diesem Band

Das im Original 387 Seiten umfassende Buch „L'Art au point de vue sociologique" des 1888 verstorbenen französischen Poeten und Philosophen Jean Marie Guyau ist posthum 1889 bei der Librairie Félix Alcan, 108 Boulevard Saint-Germain, Paris, erschienen. Es wurde von seinem Stiefvater, dem Philosophen Alfred Fouillée editiert und mit einer Einleitung versehen. In Leipzig ist 1912 beim Alfred Kröner Verlag die von Paul Prina und Dr. Guido Bagier besorgte, inzwischen längst vergriffene deutsche Ausgabe erschienen.

Im zweiten Teil des Werkes (hier ab Seite 101), in dem sich Guyau den Arbeiten und Auffassungen der Dichter Lamartine, Vigny, Alfred de Musset und Victor Hugo zuwendet, werden um der Beweisführung willen zahllose Gedichte, Strophen und Zeilen aus Gedichten angeführt. Bei der Neuübersetzung war zu überlegen, ob wir dem Vorbild der ersten Übersetzung folgen, nämlich die Gedichtzitate im Original und dann anschließend in freier deutscher Übersetzung zu bringen oder sie herauszulassen und durch verbindende Worte zu ersetzen. Indem wir uns zu letzterem entschlossen haben, glauben wir diesen Teil des Werkes lesbarer gemacht zu haben, ohne seinen tieferen Sinn irgendwie anzugehen oder zu verfälschen. Das gleiche gilt für andere von uns im Text vorgenommene Kürzungen.

Universität zu Köln 1987 Prof. Dr. Alphons Silbermann

Jean-Marie Guyau

von Hans Peter Thurn

1. Leben und Werk

Jean-Marie Guyau wurde am 28. Oktober 1854 in Laval, der kleinen Hauptstadt des westfranzösischen Départements Mayenne, geboren. Seine Eltern entstammten beide ortsansässigen Bürgerfamilien und hatten ein Jahr zuvor geheiratet. Der Sohn blieb ihr einziger Nachkomme. Der Vater, Jean Guyau, war der Sproß einer seit mehreren Generationen in Laval beheimateten Unternehmerfamilie. Der Familientradition gemäß übernahm er den elterlichen Betrieb und wurde Fabrikant. Einundachtzigjährig starb er 1898 in Laval. Die Mutter Jean-Maries, Augustine Tuillerie, muß ein ganz anderes Temperament gewesen sein als ihr 16 Jahre älterer Ehemann. Ebenfalls in Laval an den Ufern des Mayenne-Flusses gebürtig, herrschten in ihrer Familie eher intellektuelle Interessen vor. Unter dem Pseudonym G. Bruno verfaßte sie zahlreiche und viel gelesene Kinderbücher, deren eines, „Francinet", 1870 von der Académie Française ausgezeichnet wurde. Ihren Sohn unterrichtete sie zunächst selbst, übergab ihn jedoch später, nach Erlangung des Grundwissens, ihrem Cousin Alfred Fouillée zur weiteren Unterweisung. Nach vierjähriger Ehe verließ Augustine Guyau 1857 ihren Mann und die Heimatstadt Laval, doch erfolgte die amtliche Scheidung erst im Jahre 1884.

In den Jahren nach der Trennung wandte sie sich mehr und mehr ihrem aus der Nachbarprovinz Maine-et-Loire stammenden Vetter zu. Alfred Fouillée, fünf Jahre jünger als seine Kusine, mit der er später die Ehe einging, wurde zum entscheidenden geistigen Anreger seines Neffen und nachmaligen Stiefsohnes.

Jean-Marie Guyau erhielt durch Jahre hindurch intensiven Privatunterricht bei ihm, insbesondere in den Disziplinen Altphilologie, Philosophie, Mathematik und Musik. Fouillée, selbst ein anerkannter Philosoph mit auch soziologischen Interessen, der sich beispielsweise um die Verbreitung der Gedanken Friedrich Nietzsches in Frankreich bemühte, wurde zum geistigen Begleiter Guyaus, zu seinem wichtigsten intellektuellen Diskussionspartner, zum Betreuer seiner Werke und nach Guyaus frühem Tod zum Herausgeber seiner nachgelassenen Schriften. Schon 1889, ein Jahr nach Guyaus Ableben, ließ er das Buch „La morale, l'art et la religion d'après Guyau" erscheinen, mit dem doppelten Ziel, sowohl eine zusammenfassende Darstellung der Grundgedanken seines prominentesten Schülers vorzulegen als auch zur geistigen Erhaltung und Verbreitung des Gedenkens an ihn zumindest in Frankreich beizutragen.

Nachdem Fouillée zuvor Professor an der Universität Bordeaux gewesen war, wurde er 1872 an die École Normale Supérieure nach Paris berufen. Spätestens von der damit erfolgenden Übersiedlung des Philosophen in die französische Hauptstadt an blieben er, der junge Guyau und dessen Mutter unzertrennlich. Bereits ein Jahr zuvor war Guyau siebzehnjährig Lizentiat der Künste und der Wissenschaften geworden. Vornehmlich hatte er sich mit Platon und den Stoikern, aber auch mit den Grundproblemen der neueren deutschen Philosophie, namentlich Kants, beschäftigt. Daß er sich nach dem Abschluß seiner akademischen Studien nun gänzlich der Philosophie zuwenden würde, stand für ihn außer Zweifel. Er übersetzte Epiktet und gab eine Auswahl der Schriften Blaise Pascals heraus. Seinem anhaltenden Interesse an Fragen der Ethik entsprechend verlor er jedoch auch praktische Lebensprobleme nicht aus den Augen. Als er 1872 unter dem Pseudonym Théophile Redon an einem in San Franzisko ausgeschriebenen Wettbewerb teilnimmt, erhält er einen Preis für die von ihm eingesandte Arbeit über Erziehungsfragen. Der Erfolg ermutigt ihn. Im folgenden Jahr verfaßt er die philosophiegeschichtliche Schrift „La morale utilitaire depuis Epicure jusqu'a l'École anglaise contemporaine", die er auf eine Ausschreibung hin der Académie des sciences morales et politiques einsendet. Für diese Arbeit wird ihm 1874 der 1. Preis der Académie zuerkannt. Als Herbert Spencer das Buch liest, ist er von der Darstellung der von ihm intendierten Ethik derart angetan, daß er dem Verfasser einen anerkennenden Brief schreibt. Aufgrund dieses ermunternden Schreibens wendet Guyau sich einem noch intensiveren Studium der englischen Philosophie zu. Dessen Frucht ist die Überarbeitung des preisgekrönten Werks, die von einer weitgehenden Hinwendung zur empiristischen Erkenntnistheorie und insbesondere zu Spencers Evolutionstheorie bestimmt wird. In erweiterter Fassung erscheint es zweiteilig: „La Morale d'Epicure et ses rapports avec les doctrines contemporaines" (1878) und „La Morale anglaise contemporaine" (1879).

In der Zwischenzeit hatte Guyau eine Stelle als Dozent für Philosophie am Lycée Condorcet in Paris angenommen. Jedoch zeigten sich schon bald nach Aufnahme der Lehrtätigkeit im Jahre 1874 erste Anzeichen jener Lungenerkrankung, von der er sich nie mehr würde völlig befreien können. Bereits ein Jahr später sieht sich der erst Einundzwanzigjährige gezwungen, das Lehramt wieder aufzugeben. Auch sein Freund und Lehrer Fouillée muß zu dieser Zeit aus gesundheitlichen Gründen aus der École Normale Supérieure ausscheiden. Gemeinsame Aufenthalte zunächst in dem Pyrenäenort Pau, sodann am Atlantischen Ozean in Biarritz und schließlich an der Mittelmeerküste in Nizza sollen Linderung der Beschwerden bringen. Obwohl ungeheilt, bleibt Guyau auch während dieser Zeit unermüdlich tätig. 1875 veröffentlicht er auf Veranlassung eines Verlegers hin ein erstes Schulbuch, „Le premier livre de lecture courante", dem weitere folgen werden, so „L'année préparatoire" und „L'année infantine". Von dem nahe der italienischen Grenze gelegenen Dorf Menton aus, in das er sich an die Côte d'Azur zurückgezogen hat, unternimmt er im Oktober 1879 eine Reise nach Italien, die ihn über Mailand, Venedig und Florenz bis nach Rom führt. Über die Schweiz reist er nach Deutschland und hält sich unter anderem in Berlin auf. Vorwiegend auf diesen Reisen entstehen jene philosophisch gestimmten Gedichte, die 1880 unter dem Titel „Vers d'un philosophe" publiziert werden.

Zunehmende öffentliche Anerkennung trug Guyau auch zahlreiche Begegnungen mit wissenschaftlichen Kollegen ein, so die

Bekanntschaft mit dem Religionshistoriker Ernest Renan und mit dem Geschichtsforscher Hippolyte Taine, mit dem ihn überdies das Interesse an künstlerischen Phänomenen verband. In den achtziger Jahren intensiviert sich seine publizistische Tätigkeit zusehends. Auf allen drei Gebieten seines vorrangigen Interesses, der Ästhetik ebenso wie der Ethik und der Religionstheorie, bemüht er sich um die Abfassung von Werken, die sich jeweils sowohl kritisch mit bestehenden Schulmeinungen auseinandersetzen als auch seine eigene Position in den behandelten Fragen zum Ausdruck bringen sollen. In seinen Argumentationen läßt Guyau sich von der Grundüberzeugung leiten, daß die um sich greifende Verwissenschaftlichung der Welt zu einer tiefen Erschütterung der bisher unbezweifelten Überzeugungen und Daseinsfundamente geführt hat. Infolgedessen könne die Menschheit nicht mehr von den angestammten Glaubensbeständen zehren, vermöge sie nicht mehr in blinder Berufung auf deren fortdauernde Gültigkeit ihre Seinsprobleme zu lösen. Sie sei vielmehr zu kritischer Revision der Maximen ihres Denkens, Fühlens und Handelns genötigt, um ein tragfähiges Fundament für die Zukunft zu erlangen, Altes bewahrend, wo es bestandsfähig ist, Neuem die Tore öffnend dort, wo es einen besseren Lebensgrund zu bereiten hilft.

Zur Klärung dieser dringenden Fragen beizutragen, ist Guyaus Ziel. Er verfolgt es, indem er das zeitgenössische Leben der 2. Hälfte des 19. Jahrhunderts als empirischen Horizont aller Erörterungen auszuweisen sucht, unter Zugrundelegung eines nicht immer eindeutigen Lebensbegriffs. Als untersuchenswert gilt ihm vorrangig, was als aus dem Nährboden des Lebens unmittelbar entspringend verstanden werden kann, wie auch all jenes, was an das Leben direkt heranrührt und so gestaltenden Anteil an ihm findet. Aus dieser Sicht heraus wird Guyau einerseits zum Verfechter eines erkenntnistheoretisch insofern problematischen Vitalismus, als ihm gerade das als untersuchungsbedürftig gelten muß, was er doch letztlich unangetastet wissen will: Das Leben in der Vielfalt seiner Erscheinungsweisen und Äußerungsformen. Andererseits wird er aber ebenso zum Wegbereiter jener nachfolgend an Bedeutung ständig gewinnenden Lebensphilosophie, welche, um nicht in verfestigte Vorurteilsbahnen abzurutschen, die Antworten auf sich stellende Fragen auf empirischem Wege zu finden sucht.

Aus dieser Perspektive heraus wandte Guyau sich zu Beginn der achtziger Jahre zunächst der Frage nach der Lebensverwurzelung der Bildenden Kunst und Literatur zu und veröffentlichte 1884 seine Überlegungen unter dem Titel „Les Problèmes de l'esthétique contemporaine". Bereits im folgenden Jahr unternahm er den Versuch zur Begründung eines erfahrungswissenschaftlichen Systems der Ethik, dessen Ausformulierung er 1885 in dem Buch „Esquisse d'une morale sans obligation ni sanction" vorlegte. Ziel seiner Analyse ist es, die moralische Praxis der Gesellschaft als Ausdruck von deren Befähigung zu bewußtseinsmäßiger und handlungsmäßiger Selbstregulation zu begreifen. Auch hierbei unterstellt Guyau indes, daß jede Gesellschaft zu jener Form ethischer Selbstbewältigung gelange, die ihrer Lebenserhaltung am dienlichsten sei. Die physische, geistige und soziale Kraft, die dabei aufgewendet werden muß, drängt darauf, die Einheit des Lebens zu erhalten oder herzustellen. Welchen Anteil an diesem konfliktträchtigen Prozeß Religion und Metaphysik haben bzw. erhalten könnten, suchte Guyau in seinem letzten zu Lebzeiten herausgegebenen Buch zu ergründen, der 1887 erschienenen Schrift über „L'Irreligion de l'avenir". Deren Hauptbestreben besteht im Nachweis eines möglichen Verzichts auf herkömmliche Religionen; die von diesen hinterlassene Lücke soll, so Guyaus spekulative Erwartung, vom sozialen Idealismus der aufgeklärten Gesellschaftsmitglieder ausgefüllt werden.

Einen Großteil dieser Werke schrieb Guyau in der Abgeschiedenheit des maritimen Alpendorfes Menton, in die er sich immer wieder zurückzog. Hier heiratete er 1882 Barbe Marguerite André, eine Schriftstellerin, die unter dem Pseudonym Pierre Ulric vorwiegend Jugendbücher veröffentlichte. Der gemeinsame Sohn, der am 13. Dezember 1883 geboren wurde, erhielt nach seiner Großmutter den Vornamen Augustin. Seinen Vorfahren folgend, wandte auch er sich späterhin der Philosophie zu. 1913 publizierte er im Gedenken an seinen Großonkel, der ein Jahr zuvor verstorben war, das Buch „La philosophie et la sociologie d'Alfred Fouillée". Er selbst fand als Kriegsfreiwilliger im Juli 1917 an den Ufern der Maas einen frühen Tod. Im gleichen Lebensalter wie sein Sohn schied auch Jean-Marie Guyau selbst dahin. Nach wenigen schaffensreichen Jahren, die er hauptsächlich inmitten der familiären Intellektuellengemeinschaft verbracht hatte, waren 1888 seine Kräfte aufgezehrt. Infolge eines Erdbebens, das Anfang des Jahres die Riviera heimsuchte, sah er sich genötigt, außerhalb seines Wohnortes zu nächtigen. Sein Zufluchtsort, eine feuchte Hütte, bot seiner angegriffenen Gesundheit wenig Schutz. Hier zog er sich eine schwere Erkältung zu, der er nicht mehr standzuhalten vermochte. An ihren Folgen starb er am Karfreitag, dem 31. März 1888, und wurde am Ostersonntag auf dem Friedhof von Menton begraben.

2. Die Kunstsoziologie

Zu den nachgelassenen Schriften Guyaus gehört auch das 1889 von Alfred Fouillée herausgegebene Werk „L'art au point de vue sociologique". Dessen erste und einzige deutsche Übersetzung erschien 1912 unter dem nicht ganz zutreffenden Titel „Die Kunst als soziologisches Phänomen". Auch in diesem Werk, dessen französische Originalausgabe in rascher Folge zahlreiche Neuauflagen erfuhr, verfolgt Guyau sein Darlegungsziel mittels einer zweigleisigen Argumentation. Deren einer Strang ist sozialwissenschaftlich ausgerichtet, während der andere eine naturwissenschaftliche Untermauerung beizubringen versucht. Indem er seine kunstsoziologischen Erörterungen mit einer kurz umrissenen Theorie der Irritation einleitet, stellt Guyau sich gezielt in die Tradition der physiologischen Psychologie, die mit ihrem Bemühen um empirische Menschenkunde seit der Aufklärung des 18. Jahrhunderts die Wissenschaftsdiskussion von Frankreich aus bestimmt hatte. Daß die durch das Nervensystem ermöglichten Sinneserregungen des Menschen entscheidenden Anteil auch an der Gestaltung seines Soziallebens haben, war eine These, um deren Nachweis sich hundert Jahre zuvor bereits Theoretiker wie La Mettrie, Holbach, Helvetius und Diderot einig wußten. Für die Theoretiker des aufgeklärten Bewußtseins war von entscheidender

Bedeutung die Annahme, daß es möglich sei, mittels gezielt zu setzender und von außen her zu erfahrender Sinnesreize steuernden Einfluß auf das Gesellschaftsgebaren der Menschen zu gewinnen. Wäre dies erreichbar, so könne es nicht aussichtslos sein, über gleichgelagerte Irritationen der diversen Sinne bei den Gesellschaftsmitgliedern eine Gleichgestimmtheit des Fühlens und Denkens herzustellen, welcher das gemeinschaftliche Handeln der Betroffenen alsbald entquellen werde. Diesen Pfad, so das Postulat jener Denker, habe die Aufklärung zu beschreiten. Ihr Leitfaden müsse in Theorie und Praxis die Erregung jener Art von sozialen Empfindungen sein, die als „gesellige Leidenschaften" zum allgegenwärtigen Motto des siècle philosophique wurden. Derjenige Mensch galt im aufklärerischen Sinne als tugendhaft, dem es gelang, seine gebändigten Leidenschaften in nachahmenswerter Weise der Sozialwelt unter Beweis zu stellen.

Guyau knüpft an diese Konzeption an, indem er aus der allgemeinen Aufklärungspsychologie heraus seine Theorie der ästhetischen Erregung entwickelt. Die ästhetische Erregung gilt ihm als allgemeinmenschliches Phänomen, das ein integraler Bestandteil des persönlichen Bewußtseins ist. Zwar gelangt Guyau nicht zu einer völlig einleuchtenden Aufhellung der Naturverwurzelung der menschlichen Befähigung zu ästhetischer Wahrnehmung, da seine Hinweise auf die Fundierungsleistungen des Nervensystems mehr aufzählender als erklärender Art sind. Doch gerät er wie mit seinem Hinweis auf die Sozialverpflichtung aller Kunst so auch mit diesem naturdeterministischen Begründungsversuch in die Nähe der Vorstellungen Pierre Joseph Proudhons, dessen 1865 erschienenes Werk „Du Principe de l'art et de sa destination sociale" er gekannt haben mag. Proudhons auch in seiner Kunsttheorie durchschimmerndes mutualistisches Programm erfährt in Guyaus Darlegungen eine indirekt kommentierende Bestätigung, wenngleich sich in des letzteren Werk der Akzent ganz eindeutig von der Naturlegitimation der Kunst auf deren voluntative Einbindung in das Sozialleben verschiebt. Ihre Wertschätzung erfährt die Kunst Guyau zufolge, *weil* sie an der permanenten Konstitution von Gesellschaft unauslöschlichen Anteil hat. Dies auf dreierlei Weise. Zum einen ist die Kunst *kausal* an die Gesellschaft gebunden, als aus dieser veranlaßt und somit aus ihr heraus erwachsend. Guyaus Grundannahme ist hier diejenige, daß ohne menschliche Gesellschaft kaum je hätte Kunst entstehen können, folglich sie auch als der entscheidende bewirkende Seinsgrund aller künstlerischen Phänomene anzusehen ist. Des weiteren ist die Kunst *prozessual* der Gesellschaft beigesellt. Selbst dort, wo ihre Erscheinungsformen dies zu verleugnen scheinen, bleibt sie ihrem innersten Wesen nach gesellschaftsverhaftet. Zu keiner Zeit sind ihre inneren Entwicklungsgesetze von denjenigen der sie hervorbringenden Sozietät zu trennen. Schließlich ist die Kunst nach Guyaus Meinung immer in der einen oder anderen Weise *intentional* auf das Sozialleben hin ausgerichtet. Das Ziel ihrer Wirkungsabsichten ist die Gesellschaft, die ihr freilich nur vermittelt durch den Einzelnen erreichbar wird. Aus dieser ihrer Intentionalität wächst jeder Kunstgattung eine Sozialbindung zu. Mehr noch: Guyaus Ansicht zufolge ist die Kunst niemals aus ihrer Sozialverpflichtung herauszulösen. Ihre letztliche Aufgabe besteht in einer Stärkung der sozialen Solidarität der Menschen. Insoweit Guyau die Kunst mit dieser Forderung konfrontiert, wohnt seiner Theorie unverkennbar eine geheime Normativität inne. In ihrem Anspruch wird der Wissenschaftler zum vorausdenkenden Präzeptor der künstlerischen Teilhabe am Gesellschaftsleben. Indessen spricht aus dieser Hoffnung der Optimismus, daß der zivilisierten Gesellschaft langfristig ihre Konflikte genommen werden könnten, auch mithilfe der Kunst. Die Rigorosität, mit der Guyau diese seine Grundannahmen methodisch expliziert, macht ein Großteil seines Verdienstes aus. In bewußter perspektivistischer Verengung wird hier zum erstenmal der wissenschaftliche, sich nicht mehr bloß philosophisch verstehende Versuch unternommen, jener Nahtstellen habhaft zu werden, an denen Kunst und Sozialleben ineinandergreifen.

Von zentraler Bedeutung ist für Guyaus Kunstsoziologie der Künstler selbst. Er bringt die „künstlerische Erregung“ hervor, welche den kunsterlebenden Menschen in die Lage versetzt, auf eine besondere Weise seine latente soziale Sympathie akut zu entfalten. Diese künstlerische Erregung ist um so wirksamer, je angemessener die sie veranlassenden Induktionsreize den menschlichen Erfahrungsmodalitäten sind. Über die Kongruenz mit den Maßstäblichkeiten der Sinneswahrnehmung gelingt es der Kunst, als ein „Anthropomorphismus" und ein „Soziomorphismus" gestaltenden Anteil am Weltgang zu gewinnen. Dieses Ziel sich vor Augen haltend, muß der Künstler eine ästhetische Auseinandersetzung mit der Realität betreiben, ohne ihr unkritisch zu verfallen. Sein Orientierungsrahmen darf sich nicht auf sie beschränken. Sondern er muß, da das Leben in der Fülle seiner Erscheinungen und Möglichkeiten über diesen mundanen Horizont hinausreicht, das „Gesamtleben" umspannen. Zu diesem gehört wie die Wirklichkeit so auch die Möglichkeit. Indem er die latenten Spannungen zwischen beiden Dimensionen ästhetisch akut zum Ausdruck bringt, der Lebensrealität die in der Kunstwirklichkeit aufscheinenden Lebensmöglichkeiten korrektiv zur Seite stellt, kommt der Künstler seiner Aufgabe am ertragreichsten nach. Individuum und Gesellschaft erblicken in seinem Werk ihr Spiegelbild; doch tritt ihnen in diesem zugleich stets die Mahnung entgegen, überall dort, wo es nottut, den Lebensgefährdungen befriedend zu Leibe zu rücken. Wo immer die Kunst zu solchem Tun anregt, erringt sie Heilkraft für die Wunden, die das reale Leben den Menschen geschlagen hat. Mit diesem durchaus lebensweltlich pragmatischen Ziel erweckt der Künstler in seinem Publikum jene „tugendhafte Leidenschaft", die sich unverzüglich daranmacht, die Brüche im Leben zu kitten und ein dauerhaftes, wenngleich schwer zu erhaltendes Gleichgewicht zwischen den Leidenschaften herzustellen, die in einem jeden Menschen wohnen. Das Kunstwerk findet zu seiner aufklärerischsten Wirkung und Teilhabe an der Lebensgestaltung, so hatte schon ein Jahrhundert zuvor Friedrich von Blanckenburg in seinem „Versuch über den Roman" (1774) postulativ formuliert, wenn es die Sicht auf „die möglichen Menschen der wirklichen Welt" eröffnet.

Diesem auch Guyau vorschwebenden Ziel wird seiner Ansicht nach jener Künstler am nächsten kommen, der über ein Höchstmaß an ästhetisch produktiver Sensibilität verfügt. In einer von mechanistischen Untertönen nicht freien Analogiebildung geht Guyau von der Vorstellung aus, es könne derjenige Künstler am ehesten zur Leidenschaftsbändigung anregen, der sie den Gesellschaftsmitgliedern selbst kreativ vorlebt und ihr überdies in seinem Werk nachahmenswerte Gestalt verleiht. Je mehr Bewunderungswürdigkeit der Künstler dadurch erzeugt, so scheint Guyau zu glauben, umso stärker wächst die Bereitschaft des Publikums, seinem Beispiel zu folgen. Ihren Zenit erreicht diese Kumulation von künstlerischer und sozialer Energie im *Genie*. Von ihm geht durch die ästhetische Synthesebildung hindurch eine soziale Stimulierung aus, deren gemeinschaftsstiftende und -fördernde Kraft kaum übertroffen werden kann. Daß sich im Geniekult seiner Zeit eine den verehrten Künstler vorwiegend nach ihrem, weniger aber nach seinem Willen vereinnahmende Kasernierungsstrategie seitens der neofeudalen Bürgergesellschaft auslebt, kommt Guyau nicht in den Sinn. Zwar sieht er, daß der geniale Künstler mit seinem unbändigen Drang nach Grenzüberschreitung der geltenden Konventionen und Normen ständig in seiner kulturellen, sozialen und psychischen Existenz bedroht ist. Auch verweist er auf die Randsituation, in die der Künstler geraten kann, wenn es ihm nicht oder kaum mehr gelingt, gelebte Wirklichkeit und erschaute Möglichkeit ästhetisch repräsentativ zu vermitteln. Doch bleibt seine Bestandsaufnahme fragmentarisch insoweit, als er der Diagnose der Zustände und der Anamnese der Ursachen keine Hinweise auf die Wandlungsnotwendigkeiten der zivilisierten Gesellschaft selbst folgen läßt. Guyau neigt dazu, die soziabilisierende Therapie, die der Künstler und zumal das sog. Genie den kulturellen Neuralgien und sozialen Konflikten angedeihen lassen können, allzu optimistisch zu überschätzen.

Am ehesten geeignet für eine konstruktive Einflußnahme auf die Gesellschaftsentwicklung erscheinen Guyau alle jene künstlerischen Sprechweisen, die er als realistisch apostrophiert. Zumal in ihrer literarischen Bloßlegung der Unvollkommenheiten, welche Mensch und Gesellschaft anhaften, spricht sich der Wille aus, den geselligen Trieben lebensstabilisierende Impulse zu geben. Indes läßt Guyau keinen Zweifel daran aufkommen, daß er einen romantisierenden Realismus bevorzugt, wie er etwa die Werke Victor Hugos prägt. Darüberhinaus spricht er sich für einen ästhetischen Pluralismus aus, dessen lebensweltliche Legitimation ihn um so breiter dünkt, je weniger Daseinsäußerungen aus der künstlerischen

Darstellung ausgeklammert werden. Dem „Gemeinwesen Kunst“ darf nichts fremd sein, was die ihm zugrundeliegende Realität nährt oder auch zu zerstören droht. Die Kunst kann zu einem vollständigen Ausdruck des Lebens nur heranreifen, wenn sie zu dessen mannigfaltigen Erscheinungsformen in eine multilateral transformierende Beziehung tritt. Das ihre daraus resultierende Ausdrucksvielfalt zusammenhaltende, einigende Prinzip findet sie überdies in der unumgänglichen Sozialverpflichtung, „Geselligkeit auszubreiten“.

Diesem sozialinitiativen Vektor der Kunst zur Geltung und praktischen Durchsetzung in der Realität menschlicher Beziehungen zu verhelfen, ist die vornehmste Aufgabe wie des Künstlers so auch des Kritikers. Ihm kommt es zu, vermittels einer „Innenschau des Kunstwerks“ dessen suggestive Kraft an den ihr gemäßen sozialkulturellen Umschlagplatz zu befördern. Dieser wird dort anzutreffen sein, wo Kunstwirklichkeit und Lebensrealität ihre fruchtbringendsten Synergien im Bewußtsein der Rezipienten eingehen. Der Kritiker muß die für derartige Fusionen tauglichen Sozialfelder aufspüren oder gegebenenfalls aus eigener Initiative geeignete Milieus schaffen, damit der Ruf der Kunst nicht ungehört verhallt. In der Betonung der Bildungsaufgaben, die sich derart der Kunstvermittlung stellen, wird Guyau zum Wegbereiter einer Bezugsgruppentheorie der Kunst, deren Umrisse sich gerade in der kontroversen Kritikwürdigkeit seiner Milieukonzeption abzeichnen.

Ein kritischerer Blick auf die anwachsenden Antinomien seiner zeitgenössischen Zivilisation wie auch vor allem der industriellen Revolution hätte Guyau davor bewahren können, die Kunst sozialtautologisch für nur diejenigen zugänglich zu halten, deren mentale Disposition ihr gegenüber aufgrund genossener Schulbildung sowieso schon offensteht. Daß die Erneuerungskraft, die auch er dem Künstler zuspricht, gerade jenen Kulturgarten immer wieder umgepflügt hat, in dem die Bessergestellten sich auf Kosten der ihnen dienenden Unterprivilegierten auf ewig sonnen zu können wähnten, bleibt nahezu vollständig außerhalb seines Blickwinkels. Als eine „Förderin der Sittlichkeit“ und als ein „Ausdruck wahrer Geselligkeit“ konnte die Kunst sich umso weniger mit einer kulturellen Apologie des sozial Bestehenden begnügen, je weitgehender sich ihr auch von Guyau konzediertes grenzüberschreitendes Wesen durchsetzte. Wo es den Industriebürgern und Spätfeudalisten des 19. Jahrhunderts an Sozialverantwortung gegenüber der Gesellschaft als ganzer mangelte, konnte die Kunst als eine Paraphrase des „Gesamtlebens" nicht bei deren absichtsvoll verengter Perspektive stehenbleiben. Auch zu Lebzeiten Guyaus gab es schon Künstler, die weiter sahen als die Besitzbürger, von denen sie verlacht wurden, oder als die Industriearbeiter, von denen sie mangels Vorbildung nicht verstanden werden konnten. Die ästhetischen Sozialschranken, die das Großbürgertum um sich errichtet hatte, wurden gerade von den Künstlern selbst bereits frühzeitig überwunden. In der Nichtbeachtung und Nichtbehandlung dieser Widersprüche erfährt die Kunstsoziologie Jean-Marie Guyaus ihre Grenze.

3. Nachwirkung

Dank der dauerhaften Betreuung durch seinen Mentor Alfred Fouillée erfuhr das Werk Guyaus eine weite Verbreitung in zahlreichen Neuauflagen bis in das 20. Jahrhundert hinein. Außer der Kunstsoziologie gab Fouillée 1889 noch das pädagogische Werk „Éducation et hérédité" heraus. In dem unvollendet gebliebenen Buch verficht Guyau die zu seiner Zeit viel diskutierte These, daß es möglich sei, durch hypnotische Suggestion Menschen so zu beeinflussen, daß sie von verwerflichen Trieben befreit werden und nurmehr ihren sozialdienlichen geselligen Leidenschaften folgen. Mit der Verteidigung dieses moralpädagogischen Heilverfahrens nimmt Guyau an der Diskussion über die Grundfragen der in Entstehung begriffenen pädagogischen Psychologie teil und wird abermals zu einem Mittler zwischen den physiologischen Theorien der Aufklärer und den neueren sozialpsychologischen Bestrebungen seiner Gegenwart. Gleiches gilt für das letzte von Fouillée posthum edierte Werk, „La genèse de l'idée de temps" (1890). Die Abhandlung war zuvor bereits im April 1885 in der Revue philosophique erschienen, also noch bevor Henri Bergson seiner Temporalkonzeption der „durée“ zur Durchsetzung in der philosophischen Diskussion verhelfen konnte. Guyau expliziert in dieser Arbeit seine Vorstellung einer „räumlichen Zeit“, die von Bergson ausdrücklich abgelehnt wurde. Aller Wahrscheinlichkeit nach machte der Philosophieprofessor Alphonse Darlu, ehedem Freund und Kollege Guyaus am Pariser Lycée Condorcet, seinen jungen Schüler Marcel Proust auf diese Theorie der Zeit aufmerksam, sodaß Prousts literarische Thematisierung des Zeitproblems wichtige Anregungen auch aus der Kenntnisnahme von Guyaus Vorstellungen erfahren haben dürfte und nicht nur aus der späteren Beschäftigung mit den Thesen Bergsons, der überdies wenig Verständnis für des Jüngeren Romanwerk aufbrachte.

Wirkungsvermehrend traten den hohen Auflagen der Werke Guyaus zahlreiche Übersetzungen in fremde Sprachen an die Seite. Sie förderten die systematische Auseinandersetzung mit seinen Gedanken auch im Ausland, die sich bis in die zwanziger Jahre des 20. Jahrhunderts hinein in unzähligen Abhandlungen und Dissertationen niederschlug. In deren Gefolge erschien in den Jahren 1912/13 die von Ernst Bergmann herausgegebene, bisher einzige deutsche Auswahlausgabe von Guyaus „Philosophischen Werken“ in sechs Bänden. Unter den deutschen Philosophen des 19. Jahrhunderts hat sich insbesondere Friedrich Nietzsche mit Guyau beschäftigt. In seiner Bibliothek fanden sich sowohl dessen „Esquisse d'une morale sans obligation ni sanction“ als auch „L'irreligion de l'avenir“, die er wahrscheinlich bei einem seiner Winteraufenthalte in Nizza erworben hatte. Daß Nietzsche seinen französischen Kollegen obzwar kritisch, so doch mit aufmerksamen Interesse las, ist aus der Vielzahl der Anmerkungen ersichtlich, mit denen er sein Exemplar des moralphilosophischen Werkes versah. Klarsichtig tadelt Nietzsche Guyaus Blindheit gegenüber der politischen Mitbedingtheit der Moralverhältnisse, die innerhalb einer Gesellschaft herrschen. Insbesondere teilt er nicht dessen vitalistischen Optimismus hinsichtlich der fortdauernden Fähigkeit der zivilisierten Gesellschaft, ihre akuten moralischen Probleme aus der Aktivierung ihres latenten ethischen Fundaments heraus selbstregelnd zu bewältigen. Die mangelnde Berücksichtigung des Machtstrebens in den menschlichen Auseinandersetzungen erscheint Nietzsche als der unverzeihlichste Mangel von Guyaus infolgedessen an der Realität des Lebens weitgehend vorbeiargumentierender Ethik. Deren romantisierendem Altruismus setzt der Deutsche seine unnachsichtige Analyse des sozial folgenreichen Willens zur Macht entgegen.

Nachhaltiger als alle anderen Werke Guyaus hat seine Kunstsoziologie Eingang in den Kanon wissenschaftlicher Tradition gefunden. Schon bald nach ihrem Erscheinen zollten ihr zeitgenössische Autoren höchstes Lob. Bereits 1884 hatte sich der als Mitglied der Académie des sciences morales et politiques einflußreiche Philosoph Ernest Havet anerkennend für Guyaus im gleichen Jahre erschienenes ästhetisches Erstlingswerk eingesetzt. Neben Alfred Fouillée verhalfen auch andere philosophische Kritiker dieser und der nachfolgenden kunstsoziologischen Arbeit zu öffentlicher Geltung, so E. Boirac und L. Dauriac. In mehreren Artikeln hob der Literaturwissenschaftler Ferdinand Brunetière die Neuartigkeit und wegweisende Bedeutung von Guyaus Gedankengängen hervor. Bei Guyau selbst sind wiederum Anklänge an die philosophische Ästhetik Hippolyte Taines und dessen Milieutheorie nicht zu überhören. Endgültig aber wird die Skepsis, die wie Taine schon Alexis de Tocqueville in seinem Werk „De la Démocratie en Amérique“ (1835–40) den Möglichkeiten einer demokratisch inspirierten Kunst entgegenbrachte, in Guyaus Überlegungen überwunden.

Es kann daher nicht verwundern, daß Guyaus Argumentationen auch in allen sozial explorativen Kunsttheorien des 20. Jahrhunderts fortleben. Ihnen scheint seine Ästhetik der sozialen Sympathie geeignet, den Zusammenhalt der Gesellschaftsmitglieder, an die die Kunst sich wendet, sei es zu wahren, sei es überhaupt erst mithelfend herzustellen. Zu ersehnten Garanten sozialkultureller Solidarität erhoben, laufen aber die künstlerischen Sprechweisen dabei Gefahr, vereinseitigend zu pragmatischen Funktionsträgern mediatisiert zu werden. Der Geniemythos, den Guyau soziologisch bekräftigt, schafft keinen Ausweg aus diesem Dilemma. Er lebt paradoxerweise gerade dort fort, von wo aus er am ehesten in Zweifel gezogen werden müßte. So etwa in den neomarxistischen Ästhetiken von Ernst Bloch und Theodor

W. Adorno. Der dort um der Rettung des Avantgardismuskonzepts willen anzutreffende Argumentationsgang schreitet jedoch nicht mehr genau jenen Weg nach, der von Guyau vorgezeichnet wurde. Das Genie tritt, so wird nun postulativ unterstellt, aus der Gesellschaft heraus, statt in ihr zu wirken. Indem es diese als seiner Mitwirkung unwürdig erachtet, löst es sich wie voluntativ von der Lebensrealität so scheinbar auch von jeglicher soziologischen Überprüfbarkeit seines Standorts ab. Aus der ihm theoretisch eingeräumten Esoterik spricht der Wille seiner Verehrer zur Absage an jegliche empirische Kontrolle.

Guyau indes hatte an dieser noch ausdrücklich festgehalten, hatte daher aber auch den seiner Theorie innewohnenden Widerspruch zwischen Geniemythos und empirischer Soziologie nicht aufzuheben vermocht. Seine Betonung der kausalen, prozessualen und intentionalen Verflechtung der Kunst mit den anthropomorphen und soziomorphen Strukturen der Lebenswelt schien ihm erklärungskräftig genug, um den Zusammenhalt des praktisch Auseinanderstrebenden theoretisch zu wahren. Mit dem wenngleich undifferenzierten Hinweis auf das Alltagsleben, an dessen Mitgestaltung sich die Kunst individualitätsstärkend und sozialverpflichtend zu bewähren habe, wird er überdies zum Wegbereiter der Ästhetik von Georg Lukács. Gerade weil dieser den trotz aller Empirie idealisierenden Theoretikern von Guyaus Statur kritisch rezipierend gegenübersteht, sucht er im konfliktverschärften 20. Jahrhundert abermals einzulösen, was der Franzose schon achtzig Jahre zuvor zu erreichen gehofft hatte: Ästhetik als gesellschaftswissenschaftlich fundierte Theorie eines in der denkenden, fühlenden und handelnden Solidarität aller betroffenen Menschen real erreichbaren besseren Lebens.

Bibliographie

1. Jean-Marie Guyaus Werke in deutscher Übersetzung:

Jean-Marie Guyau: Philosophische Werke in Auswahl. In deutscher Sprache herausgegeben und eingeleitet von Dr. Ernst Bergmann.

1. Band: Einleitung: Die Philosophie Guyaus. Von Dr. Ernst Bergmann.
Verse eines Philosophen. Deutsch nachgedichtet von Udo Gaede.
Die ästhetischen Probleme der Gegenwart. Deutsch von Ernst Bergmann.
Leipzig 1912.

2. Band: Sittlichkeit ohne Pflicht. Ins Deutsche übersetzt von Elisabeth Schwarz.
Leipzig 1912.

3. Band: Die Irreligion der Zukunft. Soziologische Studie. Deutsch von M. Kette.
Leipzig 1912.

4. Band: Die Kunst als soziologisches Phänomen. Deutsch von Paul Prina und Dr. Guido Bagier.
Leipzig 1912.

5. Band: Erziehung und Vererbung. Eine soziologische Studie. Deutsch von Elisabeth Schwarz und Marie Kette.
Leipzig 1913.

6. Band: Die englische Ethik der Gegenwart. Deutsch von Anni Pevsner.
Leipzig 1914.

2. Ausgewählte Sekundärliteratur:

Bergmann, Ernst, Die Philosophie Guyaus, Leipzig 1912.

Fouillée, Alfred, La morale, l'art et la religion d'après Guyau, Paris 1889.

Pfeil, Hans, Jean-Marie Guyau und die Philosophie des Lebens, Augsburg–Köln–Wien 1928.

Walther-Dulk, Ilse, Materialien zur Philosophie und Ästhetik Jean-Marie Guyaus, Hamburg 1965.

Willenbücher, Heinrich, Jean-Marie Guyaus Prinzip des Schönen und der Kunst, Gießen 1899.

Beitrag zuerst erschienen in: Klassiker der Kunstsoziologie, herausgegeben von *Alphons Silbermann,* Verlag C.H. Beck, München 1979.

Vorwort

Die größte Aufgabe des 19. Jahrhundert war es wohl, die *soziale* Seite des menschlichen Individuums hervorzuheben. Sie war im vorhergehenden Jahrhundert durch einen sich in der Form von Egoismus zeigenden Materialismus zu sehr vernachlässigt worden. Das Nervensystem zeigt sich heute nur noch als der Sitz von Phänomenen, deren Prinzip bei weitem über den individuellen Organismus hinausgeht: die Solidarität überwiegt die Individualität. Das 18. Jahrhundert war mit den eigennützigen Theorien von Helvetius, Volney und Bentham zusammen mit denen des noch recht naiven Materialismus eines La Mettrie und selbst eines Diderot zum Abschluß gelangt. Die noch am Anfang stehende Wissenschaft blieb an der Oberfläche haften. Die Chemie war mit Lavoisier eben erst geboren worden, die wahre Physiologie schlummerte noch in der Zukunft, und man versuchte damals kaum, ins Innere des Organismus vorzudringen, noch weniger das Bewußtsein zu ergründen. Das 19. Jahrhundert hat die Wissenschaft nicht nur ausgedehnt sondern auch beträchtlich vertieft, hat sie vom Äußeren zum Inneren gelangen lassen. Die Physiologie kam mit der Psychologie in Berührung, und je weiter die Wissenschaft in der Erforschung des Nervensystems vorrückte, um so klarer wurde es, wie ungenügend die Ansichten eines egoistischen und groben Materialismus waren. Nahm man bisher an, daß das Individuum isoliert in seinem Mechanismus existiere, so erkannte man nunmehr, daß es mit anderen Bewußtseinskonstellationen solidarisch verbunden ist und von unpersönlichen Ideen und Gefühlen bestimmt werden kann. Der Tatbestand der nervlichen wie der geistigen Übereinstimmung ist immer mehr erkannt worden und

Fälle krankhafter Ansteckung sowie solche, bei denen Suggestion und hypnotischer Einfluß eine Rolle spielen, beginnt man wissenschaftlich zu untersuchen. Von diesen verhältnismäßig leicht zu erkennenden Krankheitsfällen wird man allmählich zu normalen Einflußphänomenen übergehen, darunter auch denen zwischen verschiedenen Bewußtseinskonstellationen. Das 19. Jahrhundert wird mit derzeit noch schlecht und unklar formulierten Entdekkungen in der seelischen Welt enden, die ebenso wichtig sind wie die eines Newton oder Laplace: Anziehungskraft der Gefühle und der Willensregungen, Verbundenheit der Intelligenzen, Durchschaubarkeit des Bewußtseins. Es wird sich eine wissenschaftliche Psychologie und Soziologie etablieren, so wie sich im 18. Jahrhundert Physik und Astronomie begründet haben. Die sozialen Gefühle werden sich als mehrschichtige Erscheinungen enthüllen, deren Entstehung zum größten Teil auf die Anziehung oder Abstoßung der Nervensysteme zurückgeführt und mit den astronomischen Erscheinungen verglichen werden können. Die Soziologie, die einen guten Teil der Moral und der Ästhetik erfassen wird, wird selbst auf die Metaphysik ein neues Licht werfen. Der uns den freien Willen versagende Determinismus wird metaphysische Erwartungen von unbegrenzter Tragweite entstehen lassen, weil er uns ahnen läßt, daß unser individuelles Bewußtsein in Verbindung mit dem Bewußtsein aller stehen könnte und somit ein über das Universum verbreitetes Bewußtsein entstehen müßte, dessen Rolle sich in den kommenden Jahrhunderten noch ausdehnen wird.

Das Ästhetische, in dem sich die Ideen und Gefühle einer Epoche zusammenfinden, kann sich dieser Wandlung der Wissenschaften und der wachsenden Vorherrschaft der sozialen Idee nicht verschließen. Auch die Kunst wird an der menschlichen Verbundenheit und der gegenseitigen Verbindung der Bewußtseinskonstellationen teilhaben, an einer physischen und mentalen Übereinstimmung, die danach strebt, das individuelle und kollektive Leben zu vereinen. Wie für die Moral ist es das letzte Ziel der Kunst, das Individuum über sich selbst zu erheben und mit allen zu identifizieren.

In einem anderen Buch haben wir uns der soziologischen Seite der religiösen Ideen zugewandt und der Meinung Ausdruck verliehen, daß die Vorstellung eines *gesellschaftlichen Bandes* zwischen dem Menschen und den ihm mehr oder weniger ähnlichen höheren Mächten die Einheit aller religiösen Lehren bildet. Ebenso wie eine mythische oder mystische Soziologie den Kern aller Religionen bildet, ebenso scheint uns die soziologische Idee zum Wesenhaften der Kunst zu gehören. Um aber die Religion von der Kunst zu unterscheiden, ist zu verstehen, daß die Religion ein zugleich spekulatives und praktisches Ziel hat, nämlich das Streben nach dem *Wahren* und dem *Guten.* Sie beseelt die Dinge nicht nur, um die Vorstellung von universeller Soziabilität zu befriedigen, sondern umfaßt eine keimartige *Kosmologie* neben einer mehr oder minder reinen *Moralvorstellung,* und ist schließlich ein Versuch, das eine mit dem anderen zu versöhnen, um eine Übereinstimmung zwischen unseren moralischen und fühlbaren Bestrebungen und den über Leben und Tod regierenden Weltgesetzen zu erzielen. Das Ziel der Religion ist also die tatsächliche, praktische Befriedigung aller unserer Wünsche nach einem gleichzeitig idealen, guten und glücklichen Leben – eine Befriedigung, die in einer kommenden Zeit oder in der Ewigkeit gelegen ist. Das Ziel der Kunst hingegen ist die unmittelbare, gedachte, vorgestellte und gefühlte Verwirklichung aller unserer Träume von einem idealen, einem intensiven und expansiven, von einem guten, leidenschaftlichen und glücklichen Leben, ohne andere Gesetze oder Regeln als die notwendige Intensität und Harmonie zur Hervorbringung des Gefühls der Seinsfülle. Die religiöse Gesellschaft, die mehr oder minder himmlische Stadt, ist der Gegenstand einer von Furcht- oder Hoffnungsgefühlen begleiteten intellektuellen Überzeugung, während die Stadt der Kunst Gegenstand einer intellektuellen Darstellung ist, begleitet von Gefühlen, die nicht auf eine wirkliche Tat zur Abwendung eines Übels oder zur Eroberung eines ersehnten Gutes hinauslaufen. Die Kunst ist also wahrhaftig eine unmittelbare Verwirklichung durch die Darstellung selbst, die stark genug sein muß, um uns das ernste und tiefe Gefühl eines individuellen Lebens zu vermitteln, das durch die mitfühlende Beziehung, die es mit dem Leben anderer, mit dem sozialen und dem universellen Leben aufgenommen hat, gesteigert wird.

Wir hoffen, daß wir diese soziologische Seite der Kunst, die gleichzeitig ihre moralische Bedeutung ausmacht und ihr ihren wahren ästhetischen Wert verleiht, verdeutlichen können. Unserer Meinung nach besteht eine tiefliegende Einheit zwischen Leben, Moral, Gesellschaft, Kunst und Religion. Während sich in der seriösen Kunst diese Einheit behauptet und offenbart, verschwindet sie in der Kunst der „Dekadenten“ und „Unausgeglichenen“ zugunsten von Spielereien der Einbildungskraft und des Stils sowie einer ausschließlichen Verehrung der Form. Wir werden sehen, daß die krankhafte Kunst der Dekadenten sich durch die Auflösung der sozialen Gefühle und die Rückkehr zur *Un-Soziabilität* charakterisiert. Ohne nach außen hin ein moralisches und soziales Ziel zu verfolgen, trägt die wahre Kunst in sich selbst ihre Moral und ihre Soziabilität, auf denen ihre Gesundheit und ihre Vitalität beruhen. Kurz, die Kunst ist und bleibt Leben, und die höhere Kunst ist das höhere Leben; wie jeder Organismus birgt jedes Kunstwerk in sich selbst seinen Keim des Lebens oder des Todes.

Erster Teil

Die Prinzipien
Das soziologische Wesen der Kunst

Erstes Kapitel

Die soziale Solidarität als Prinzip der komplexen ästhetischen Emotion

I.
Die Übertragung der Emotionen und ihr Soziabilitätscharakter

Die Übertragung der Nervenschwingungen und der hiermit in Wechselbeziehungen stehenden mentalen Zustände ist zwischen allen Lebewesen gleich, vor allem zwischen denjenigen, die in Gesellschaften oder Familien gruppiert sind und auf diese Weise einen besonderen Organismus bilden. Was uns in Erstaunen setzen müßte, wäre nicht die Möglichkeit eines steten Einflusses der Wesen aufeinander sondern die entgegengesetzte Hypothese, nämlich daß die Gegenwart eines lebendigen Organismus, das heißt eines Komplexes von Bewegungen und Strömungen ohne Einfluß auf einen anderen ähnlichen Komplex bliebe. Eine übermäßige Spannung an einer Stelle der sozialen Gesamtheit teilt sich allen anderen mit. Jede Gesellschaft ist nur ein Streben der sie bildenden Moleküle nach Gleichgewicht, und jeder Schmerz, jedes Vergnügen, die an einem Punkt das Gleichgewicht stören, haben das Bestreben, sich auszubreiten. Die Übertragung der Emotionen zwischen den Organismen kann auf bewußte oder unbewußte, direkte oder indirekte Weise, das heißt vermittels interpretierbarer Anzeichen vor sich gehen.

1. Die unbewußte und direkte Übertragung psychischer Vorgänge und Zustände durch einfache nervliche Strömungen scheint unter gewissen Umständen unbestreitbar zu sein, z.B. beim Somnambulismus und sogar bei einer bloßen Überreizung des Nerven-

systems. Sie scheint sogar bei normalen Individuen Wirkungen hervorzubringen, die sich statistisch erfassen lassen.

2. Die Übertragung von Emotionen, die sich über eine Entfernung von einem Nervensystem zum anderen vollzieht, wird durch *Berührung* noch gesteigert. Berührung ist das einfachste und sicherste Mittel, zwei Nervensysteme, zwei Bewußtseinszentren, zwei Leben in Verbindung oder in Einklang zu bringen, das heißt, zu *sozialisieren.* Jeder von uns hat es erfahren und die Romanschriftsteller haben oft beschrieben, welch tiefdringende Emotion das leichteste Berühren eines geliebten Wesens in uns auslösen kann. Hier handelt es sich nur um die Verstärkung einer Erscheinung, die allerdings jedesmal geringer wird, wenn Dasein mit Dasein in Verbindung tritt. Das Berühren ist recht eigentlich das Lebensgefühl, das uns übrigens auch am sichersten den Tod kundtut. So gesehen ist es von eminenter Bedeutung bei den Beziehungen zwischen den Geschlechtern wie auch bei denen zwischen Eltern und Kindern.

3. In niedrigstehenderen Perioden der Evolution hat auch der Geruchssinn eine bedeutende Rolle bei der Übertragung von Empfindungen und Emotionen gespielt. Er ist bei tierischen Gemeinschaften offensichtlich und hat auch lange bei primitiven menschlichen Gesellschaften fortbestanden. Wenn sich heute seine Bedeutung bei bewußten psychischen Erscheinungen verwischt hat, so bleibt er bei unbewußten dennoch wesentlich. Er zeigt sich mehr oder weniger stets noch in Augenblicken der Liebesbezeugungen.

Die ästhetische Emotion ist die immateriellste und intellektuellste der menschlichen Erregungen. Augen und Ohren, mit deren Hilfe sie in erster Linie hervorgebracht wird, sind vor jeder direkten Berührung mit den Dingen, vor jedem Zusammenstoß bewahrt. Eine leichte Schwingung wie der Lichtstrahl oder die Klangwelle, eine Anregung der Seh- und Hörnerven genügt, um bei den Sinnen eine Zustandsveränderung hervorzurufen: sie sind durchaus geeignet, jene feinen intellektuellen Unterscheidungen hervorzubringen, an denen wir ästhetische Gefühle erkennen.

Die Eindrücke des Hörens und Sehens scheinen zunächst abstrakt, sozusagen der intimen Beschaffenheit der Gebilde, deren Form oder Töne sie uns vermitteln, „fremd" zu sein. Man darf jedoch nicht vergessen, daß Gehör und Gesicht uns die durch die Schwingungen der Luft und des Lichts bei den von ihnen getroffenen Körpern hervorgerufenen Veränderungen sinnlich wahrnehmbar machen. Diese durch Nervenschwingungen bewegten Körper werden, bis sie zu uns gelangen, von den Licht- oder Schallwellen getragen. Im Grunde genommen gibt es nur Empfindungen von Bewegungen, und in jeder dieser Bewegungsempfindungen kann man eine mehr oder minder elementare *Nachahmung* der wahrgenommenen Bewegung erblicken. Der Eindruck des Angstschreis kommt dadurch zustande, daß dieser Schrei uns völlig durchdringt, uns auf eine den Nervenschwingungen des Wesens, das ihn ausgestoßen hat, symmetrische Art vibrieren läßt; ebenso beginnt mit dem Sehen einer Bewegung diese Bewegung in uns selbst. Die Gesetze, nach denen die subjektive Vorstellung einer Regung oder eines Gefühls in uns selbst eine Regung oder ein Gefühl entsprechender Art hervorruft, bewirken auch, daß die Wahrnehmung einer Regung oder eines Gefühls bei anderen deren Widerhall in uns selbst zustandebringt.

Hier stellt sich ein Problem, das im höchsten Grad die Moral und die Kunst interessiert. Da die Wahrnehmung des Schmerzes bei anderen gewissermaßen das Vorspiel eines Schmerzes bei uns selbst ist, wie kann es dieser Schmerz zu Wege bringen, indirekt eine Art von Lust zu verursachen? Dieser Vorgang erklärt sich dadurch, daß der angenehme oder peinigende Charakter einer Emotion nicht vom ersten, einem Vorspiel ähnlichen mentalen Zustand herrührt, sondern von der Wirksamkeit der darauffolgenden inneren Reaktion. Diese Reaktion kann sehr stark, beziehungsweise viel stärker als die ursprüngliche Aufregung sein. Ihr Ergebnis ist dann eine Aufreizung des Nervensystems, nicht eine Depression oder eine Störung: was Leiden geworden wäre, geht in Freude auf. Jeder leicht besiegte Widerstand verursacht die Lust an einer Kraftentfaltung. Ein leichter Schauer von Furcht entbehrt in dem Augenblick nicht des Reizes, in dem wir die nervöse Welle nicht im Übermaß um sich greifen lassen. Selbst ein Biß kann noch wie eine Liebkosung wirken. Der Schmerz eines Individuums wird also nicht notwendigerweise als Schmerz auf ein anderes Wesen übertragen. Jedenfalls kann die übertragene Aufregung durch andere

Ursachen ausgeglichen werden. Sie kann wie ein einfaches Reizmittel wirken, in gewissen Fällen sogar auf das hinauslaufen, was man die Wollust des Mitleids genannt hat. Der springende Punkt ist, daß das Gefühl eines von einem Individuum erlittenen Schmerzes bei einem anderen Individuum Reflexbewegungen hervorzurufen imstande ist, die darauf hinauslaufen, dem Schmerz Erleichterung zu verschaffen. Es gelingt uns dann bei dem anderen, den Ursprung unseres mitfühlenden Mißbehagens zu lokalisieren und sind bestrebt, ihm zu helfen. Daher kommt es, daß man bei aktivem Mitleid mehr Sinnengenuß empfindet als leidet, mehr handelt als leidet.

Außer den direkten Mitteln finden sich zur Übertragung der Emotion *indirekte* Mittel, die eine ausgeprägte Rolle zwischen den Menschen spielen. Und zwar meinen wir damit alle die mehr oder weniger konventionellen Zeichen der Sprache, der Gebärden und der Töne. Dank dieser Zeichen kann unser ganzes Inneres, das anfänglich nur in Fällen lebhafter Emotion zum Vorschein kommen konnte, dauerhaft zutagetreten. Mit anderen Worten, die Kunst des *Ausdrucks* dehnt die Übertragbarkeit von Bewußtseinskonstellationen bis an bisher unbekannte Grenzen aus.

Wie man sieht, ist in seinem Kern nicht nur unser Denken unpersönlich, sondern auch unser Empfindungsvermögen wird schließlich gewissermaßen sozial. Wenn wir leiden, mag dies in unserem oder dem Herzen des anderen vorgehen. Die gesamte Vervollkommnung des menschlichen Bewußtseins bewirkt also nichts weiter, als die ursprünglich unbewußte Solidarität der Nervensysteme zu verstärken.

Die ästhetische Emotion und ihr sozialer Charakter

Bei der Erkenntnis der ästhetischen Gefühle setzen die einen etwas höher, die anderen etwas tiefer an. Doch scheint uns der ästhetische Charakter der Sinneseindrücke viel weniger von ihrer Herkunft, sozusagen von ihrem Stoff abzuhängen, als von der *Form* und der Entwicklung, die sie im Bewußtsein annehmen, von den Assoziationen und Kombinationen, zu denen sie Veranlassung geben. Es ist eher das Milieu des *Bewußtseins* als der unbehauene *Sinneseindruck*, das die ästhetische Emotion ins Leben ruft und erklärt. Sie ist eine Ausweitung, eine Art Resonanz des Sinneseindrucks in unserem gesamten Bewußtsein, besonders in unserem Verstand und in unserem Willen. Unser Bewußtsein ist selbst eine Gesellschaft, eine Harmonie zwischen Einzelerscheinungen, zwischen elementaren Bewußtseinszuständen, vielleicht gar zwischen einzelnen Bewußtseinszellen. Stets müssen die Zellen des Organismus in mitfühlender und solidarischer Weise schwingen, um das allgemeine Bewußtsein, die Coenesthesie, hervorzubringen. Das individuelle Bewußtsein selbst ist also schon sozialer Natur, und alles, was in unserem ganzen Organismus widerhallt, bringt einen sozialen Aspekt zur Geltung. Vor langer Zeit haben die griechischen Philosophen das Schöne den Begriffen der Harmonie zugeordnet oder zumindest die Harmonie als einen der wesentlichsten Charakterzüge der Schönheit angesehen. Diese von den Alten zu abstrakt und zu mathematisch aufgefaßte Harmonie läuft für die moderne Psychologie auf eine organische Solidarität hinaus, auf etwas wie ein soziales und kollektives Bewußtsein im Inneren des Individuums. Wir sagen „Ich" und könnten ebensogut „Wir" sagen. Das Angenehme wird schön, je mehr Solidarität und Soziabilität es zwischen allen Teilen unseres Wesens und allen Elementen unseres Bewußtseins umfaßt, je mehr es jenem „Wir", das in dem „Ich" sich findet, beigemessen werden kann.

Im Organismus wird alles derart wechselseitig bestimmt, daß der Zustand eines besonderen Sinnes sofort auf das ganze Nervensystem zurückwirkt, es also einen für die *Gesamtheit* des Organismus wirklich indifferenten Sinneseindruck vielleicht gar nicht gibt. Die ästhetischen Emotionen können nicht nur einen Einfluß auf das seelische, geistige und sinnliche Leben haben, sondern auch auf das organische, wo sie u.a. auch die Blutzirkulation und Ernährungstätigkeit steigern. So zeigt sich eine Solidarität zwischen allen Teilen unseres Wesens. Das Schönheitsgefühl ist nur die höhere Form des Solidaritätsgefühls und der Einheit in der Harmonie; es ist das Bewußtsein einer Gemeinschaft in unserem individuellen Leben. Am Schönheitsgefühl hat das empfindende Subjekt einen nicht minder wichtigen Anteil als das empfundene Objekt. Überdies sind wir der Meinung, daß man keine sehr komplexe und sehr bewußte, zu einem Ganzen gerundete Lust finden kann, die nicht mehr oder weniger ästhetisch wäre. Ein Sinneseindruck oder ein Gefühl *für sich allein* könnte kaum ästhetisch sein. Erst wenn sich Gefühl und Sinneseindruck harmonisch miteinander im Bewußtsein verbinden, entsteht ein ästhetischer Sinn, und das gilt auch für die Kunst. Wenn wir z.B. Musik hören, ihr aber nicht zuhören, da wir gerade an etwas anderes denken, wird sie für uns kaum mehr als ein mehr oder weniger angenehmes Geräusch sein. Hören wir jedoch zu, dann wird das Geräusch ästhetisch werden, weil es in unserem gesamten Bewußtsein ein Echo wachrufen wird. Ebenso bedarf es angesichts gewisser Landschaften, die das Auge mit einem banalen Gefühl der Mühelosigkeit betrachtet, eines Erwachens des Bewußtseins und der Willenskraft, um ihr gegenüber ein echtes ästhetisches Gefühl entstehen zu lassen.

Da das Schöne ein komplexeres, bewußteres und freiwilligeres Angenehmes ist, zeigt sich das Gefühl des Schönen im unmittelbaren Genuß eines intensiveren und harmonischeren Lebens, dessen Wille unmittelbar die innere Kraft erfaßt und dessen Geist unmittelbar die Harmonie wahrnimmt. Für sich genommen wohnt in jedem Gefühl des Genusses schon eine gewisse Lebenskraft und Harmonie: es ist also schon ein Ansatz von ästhetischem Wert vorhanden. Allerdings wird dieses Gefühl erst wahrlich ästhetisch, wenn der Geist die von ihm eingehüllte Harmonie spontan wahrnimmt und der Wille spontan seine Intensität ermißt. Unser ganzes Bewußtsein muß ohne vernunftgemäßes Denken und ohne Berechnung interessiert und tätig sein, so daß es unmittelbar und spontan einen gleichzeitig sensitiven und freiwilligen Genuß empfindet. Weil wir das Schöne mit dem geistig Angenehmen identifizieren, können wir es nicht mit dem sich oft vom Angenehmen unterscheidenden Nützlichen gleichsetzen. Das Nützliche ist ein Zusammenwirken von Mitteln in Hinsicht auf den kommenden Genuß, es ist also nicht das Angenehme, höchstfalls das manchmal recht mühevolle Streben danach. Das Schöne muß unmittelbar gefallen.

An anderer Stelle haben wir aufgezeigt, daß das Gefühl des Nützlichen das Gefallen am Schönen nicht immer ausschließt. Diesbezüglich haben wir gewisse Übertreibungen Kants und der Verfechter der Evolutionstheorie widerlegt, die der Schönheit jegliche Finalität, sogar die unmittelbar empfundene, absprechen. Unserer Meinung nach kann die Nützlichkeit zuweilen ein erstes Stadium recht untergeordneter Schönheit ausmachen. Allerdings ist sie nur insofern schön, als sie sich nicht dem Angenehmen in den Weg stellt, als sie sozusagen ein vorausgeahntes Angenehmes ist. Das Angenehme und das Schöne können unabhängig vom Nützlichen fortbestehen, ebenso wie Gefallen und Glück abseits von Interessenlagen, die schließlich nur eine Berechnung mit Hilfe von Mittelwegen sind. Wir weisen den Gedanken von der Hand, daß alles, was schön ist, eine praktische Verwendbarkeit rechtfertigen muß, um bewundert zu werden, daß man z.B. „die Verwendbarkeit einer antiken Vase" kennen muß, bevor man sie schön finden kann.

Die sehr primitive, der Nützlichkeit innewohnende Schönheit zeigt sich besonders, wenn die Nützlichkeit recht augenscheinlich ist und der nützliche Gegenstand unmittelbar vor uns seinen Nutzen beweist. Ein Bogen ist schön, wenn er seinen Pfeil abschießt; der Schild des Ajax mit seinen sieben Ochsenhäuten war schön im Streit, wenn er wie eine Mauer alle Geschosse aufhielt; die umständlichen Flaschenzüge der Brunnen zu Verona nehmen eine gewisse Schönheit an, wenn man sieht, wie sie die rieselnden Eimer bis zu den höchsten Fenstern des Palastes hinaufheben. Auch ein Hebel erscheint schön, wenn er einen Felsblock in die Höhe hebt. Doch erst danach, wenn er ruhig daliegt, wird man ihm angesichts des vorher empfangenen Eindrucks einen gewissen ästhetischen Charakter nicht versagen. Diese dem Nützlichen eigene Art von Schönheit kann sich nach und nach mehr herausschälen, und zwar in dem Maße, in dem die vollkommene Anpassung des Objekts an seinen Gebrauch betont wird. Je mehr ein Gegenstand für einen *bestimmten* Gebrauch geeignet ist, um so mehr hat er Aussicht, nur hierfür da zu sein und in jeder anderen Hinsicht unnütz, unliebsam oder geradezu häßlich zu sein. Dieser Antinomie zwischen der sehr beschränkten Schönheit des Nützlichen und allen anderen Arten einer uneingeschränkten Schönheit stehen meistens Architekten und Ingenieure gegenüber. Denn je mehr man die Nützlichkeit eines Dinges steigert, um so mehr beschränkt man im allgemeinen seine mögliche Schönheit. Zweifellos kann diese Schönheit, so beschränkt sie auch sein mag, noch vorhanden sein, aber nur unter der Bedingung, daß der Gegenstand nicht zum Sammelplatz von ausgesprochen unerfreulichen Assoziationen wird. Kurz, das Nützliche ist nur schön durch das *geistige* Element einer wahrgenommenen Finalität sowie durch das *sinnlich wahrnehmbare* Element einer von vornherein empfundenen Genugtuung. Es ist ein Vorgreifen des Angenehmen durch die Wahrnehmung eines Zusammenspiels wohl angeordneter Mittel für diesen oder jenen Zweck. Es befriedigt den Verstand und den Willen und kann auch das Empfindungsvermögen befriedigen. Wird dieses dreifache Resultat hervorgebracht, das heißt, wenn das Nützliche uns von vornherein Ziel und Zweck verdeutlicht, wird die Finalität eben zu Schönheit.

Schließlich ist noch zu bemerken, daß das Nützliche gewöhnlich eine soziale Seite hat und dadurch überdies einen gewissen elementaren Grad von Schönheit erlangt. Sympathisieren wir doch mit allem, was einen sozialen und menschlichen Zweck hat, mit allem, was im Hinblick auf das menschliche Leben, besonders auf das Kollektivleben eingerichtet ist. Wenn wir uns vom Rudimentären des Schönen zu seiner höchsten Entwicklung bewegen, steigt die soziale Seite der Schönheit stetig an und beherrscht schließlich alles. Solidarität und Mitgefühl der verschiedenen Teile des Ich schienen uns den ersten Grad der ästhetischen Emotion zu bilden, soziale Solidarität und universelle Sympathie treten uns als der Grundsatz der umfassendsten und erhabensten ästhetischen Emotion entgegen.

Fürs erste gibt es kaum eine ästhetische Emotion ohne eine mitfühlende und keine mitfühlende Emotion ohne einen Gegenstand, mit dem man auf die eine oder andere Weise in eine soziale Beziehung tritt, den man personifiziert und mit einer gewissen Einheit und einem gewissen Leben bekleidet. Es gibt also keine ästhetische Emotion ohne einen Verstandesakt, durch den man die

Dinge mehr oder weniger vermenschlicht, indem man aus ihnen sozusagen beseelte Wesen macht.

Um schön zu werden, müssen selbst Abstraktionen lebend zutagetreten. Hat man doch gesagt, daß eine Folge von abstrakten Vernunftschlüssen aus sich selbst heraus ästhetisch ist, weil sie sich harmonisch gibt. Was sie allerdings ästhetisch macht, ist die menschliche und mitfühlende Seite dieser Harmonie. Nehmen wir einmal eine Reihe abstrakter Vernunftschlüsse über abstrakte Dinge, z.B. eine Folge von algebraischen Theoremen. Was wir daran bewundern, wird nicht eine völlig nackte Verstandeskraft sein, sondern eine solche, die einer Richtung folgt, die sich ein Ziel setzt, durch Beseitigung aller Hindernisse danach ringt, es zu erreichen, um schließlich zu einem menschlichen Willen zu werden, mit dem wir sympathisieren und dessen Mühe, Kampf und Triumph wir lieben. In einer Folge von Vernunftschlüssen, die zu einer freigelegten Wahrheit führen, ist etwas *Leidenschaftliches* und *Leidenschaft erregendes* gelegen, und gerade durch diese Seite ist sie ästhetisch. Wie der Wille und das Empfindungsvermögen, so ist auch die Vorstellungskraft bei dem abstrakten Vernunftschluß beteiligt, zumal wir uns den Vernunftschluß immer *figürlich* vorstellen. Der Vernunftschluß kann von den Dingen abstrahiert sein, ohne im mindesten von der Welt und von uns selbst abstrahiert zu sein. Man kann ganz und gar in einem Lehrsatz aufgehen, wodurch man ein Stück konkrete Welt, ja sogar die ganze in uns gelegene Welt mit eintreten läßt. Die Dinge, die wir als leblos ansehen, sind weitaus lebendiger als wissenschaftliche Abstraktionen und daher interessieren und bewegen sie uns. Wir sympathisieren mit ihnen, wodurch sie ästhetische Emotionen erwecken. Nehmen wir einmal als Beispiel die Landschaft: sie wird uns als eine Vereinigung zwischen dem Menschen und den Wirklichkeiten der Natur erscheinen. Denn um an einer Landschaft Gefallen zu finden, muß man sich erstens mit ihr in Einklang bringen, um den Sonnenstrahl zu verstehen, muß man mit ihm vibrieren, um die Nacht zu verstehen, müssen wir den Schauer dunkler Räume, grenzenloser und unbekannter Größe über uns hinweggehen fühlen. Wir müssen sie zweitens mit uns selbst in Einklang bringen, das heißt, wir müssen sie vermenschlichen. Wir müssen die Natur *beseelen,* denn sonst sagt sie uns nichts. Unser Auge hat sein eigenes Licht und sieht nur das, was es mit seinem Licht erleuchtet. Infolgedessen müssen wir drittens in die Landschaft eine objektive Harmonie einbringen, in ihr gewisse große Linien ziehen, sie auf Mittelpunkte zurückführen und schließlich sie systematisieren. Die wahren Landschaften sind sowohl in unserem Inneren wie auch außerhalb gelegen; wir skizzieren sie sozusagen ein zweites Mal und bestimmen deutlicher den unbestimmten Plan der Natur. Man hat von der Landschaft gesagt, sie sei „ein Zustand der Seele", doch das erscheint mir noch nicht genug. Hier muß im Plural gesprochen werden, will man diese mitempfindende Kommunikation und diese Art von Assoziation zwischen uns und der Seele der Dinge ausdrücken und sagen: die Landschaft ist ein Zustand der Seelen.

Wenn das Gefühl für die Natur schon ein soziales ist, um so mehr dürften alle von unseren Mitmenschen erregten ästhetischen Gefühle Soziabilitätscharakter besitzen. Durch seine Steigerung wird das Gefühl des Schönen immer unpersönlicher. Auch die höchste moralische Emotion ist eine soziale. Sie unterscheidet sich allerdings von der ästhetischen durch das Ziel sowie den Willen, im Individuum und in der Gesellschaft die Bedingungen des höchst sozialen und universellen Lebens zu verwirklichen. Man könnte sagen, daß das Schöne das schon verwirklichte Gute und das moralische Gute das im Individuum oder in der menschlichen Gesellschaft zu verwirklichende Schöne ist.

Die künstlerische Emotion und ihr sozialer Charakter

Wir haben gesehen, daß sich die durch die Schönheit verursachte ästhetische Emotion in uns auf eine allgemeine und sozusagen kollektive Anregung des Lebens in allen seinen bewußten Formen (Empfindungsvermögen, Intelligenz, Wille) zurückführen läßt. Nunmehr erhebt sich die Frage, auf welche Weise können wir die *künstlerische Emotion,* diejenige, die die Kunst bewirkt, bestimmen?

Die Kunst ist ein methodisches Ganzes von Mitteln zur Hervorbringung jener allgemeinen und harmonischen Anregung des bewußten Lebens, die das Gefühl des Schönen bildet. Die Kunst kann sich hierzu nur der *Sinneseindrücke* bedienen, die sie auf mehr oder weniger geschickte Art in Grade einteilt, in verschiedene Geschmacksformen, Gerüche und Farben. Hierher gehören die gänzlich elementaren Künste wie die Herstellung von Wohlgerüchen und die Wirkung durch Vielfarbigkeit, von denen Platon in „Gorgias“ spricht. Diese Künste suchen nicht, das Leben zu schaffen. Sie beschränken sich darauf, von Natur aus fertige Produkte zu gebrauchen, die sie nur oberflächlich und ohne durchgreifende Neugestaltung umformen. Es sind sozusagen *unorganische* Künste, die das Leben nur so wenig als möglich ausdrücken.

Die ihres Namens würdigen Künste verfahren völlig anders. Für sie ist der bloße und einfache Sinneseindruck nicht Zweck, sondern ein Mittel, um den empfindenden Zustand mit einem dem seinigen mehr oder weniger ähnlichen Leben in Verbindung zu bringen, das heißt: er ist im wesentlichen für das Leben und das Kollektivleben stellvertretend.

Das erste Element ist das intellektuelle Vergnügen am Erkennen der Gegenstände durch das Gedächtnis. Wir vergleichen das uns von der Kunst vorgelegte Bild mit dem, welches uns die Erinnerung liefert, und loben oder kritisieren. Dieses auf das rein Intellektuelle beschränkte Vergnügen ist selbst beim Betrachten einer Landkarte vorhanden. Aber für gewöhnlich sind noch viele andere Empfindungen weitaus sinnlicherer Art hierbei im Spiel. Fühlt sich doch das durch die Erinnerung gelieferte innere Bild beim Kontakt mit dem äußeren aufgefrischt, und so leben wir vor jedem Kunstwerk einen Teil unseres Lebens noch einmal. Wir finden ein Bruchstück unserer Sinneseindrücke, unserer Gefühle, unseres inneren Gesichtes in jeder von einem menschlichen Wesen geschaffenen Nachahmung dessen wieder, was es gleich uns gefühlt und wahrgenommen hat. Ein Kunstwerk ist in gewisser Hinsicht stets ein Porträt, und in diesem – wenn wir es genau betrachten – erkennen wir ein Stück von uns selbst wieder.

Das zweite Element ist das Vergnügen, mit dem Schöpfer des Kunstwerks, mit seiner Arbeit, seinen von Erfolg begleiteten Absichten, seiner Geschicklichkeit zu sympathisieren oder aber seine Schwächen zu erkennen und Kritik zu üben. Die Kunst ist eine der bemerkenswertesten Entfaltungen der menschlichen Tätigkeit, sie ist die Form schwierigster Arbeit, in die man am meisten von sich selbst hineinlegt – ist also am würdigsten, Interesse und Mitgefühl zu erwecken. So wird denn auch bei der Betrachtung des Kunstwerks der Künstler nur selten von uns übergangen. Der Anteil unserer Bewunderung, den wir auch heute noch überwundenen Schwierigkeiten zukommen lassen, war übrigens bei der sich entwickelnden Kunst viel größer. Das erste Werk der menschlichen Kunst ist in der Tat das Werkzeug gewesen – ein Messer oder ein Beil aus Stein –, und was am Werkzeug zuerst bewundert wurde, war über alle Schwierigkeiten hinweg die Verwirklichung eines auf Nützlichkeit abzielenden erfinderischen Geschicks des Urhebers.

Das dritte Element ist das Vergnügen, mit den vom Künstler dargestellten Wesen zu sympathisieren. Überdies kennen wir in der Kunst auch ein Element des Vergnügens, das aus einer mit leichter Furcht gemischten Antipathie herrührt und das Gefühl der Illusion ausgleicht. Anzumerken ist noch, daß die urtümlichen Künste, sowohl Poesie als auch Zeichnung und Bildhauerei, immer mit der Darstellung von Lebewesen angefangen haben. Erst viel später haben die Künste es sich angelegen sein lassen, das unbeseelte Milieu wiederzugeben, in denen sich diese Wesen bewegen.

Die künstlerische Emotion ist letzten Endes eine soziale Emotion, die uns ein dem unsrigen analoges und durch den Künstler nahegebrachtes Leben erleben läßt: zum direkten Vergnügen der angenehmen Sinneseindrücke (Rhythmus der Töne oder Harmonie der Farben) fügt sich dasjenige hinzu, was wir aus der sympathischen Stimulation unseres Lebens in der Gesellschaft mit den vom Künstler wachgerufenen Vorstellungen entnehmen. Es ist die Aufgabe des Dichters oder des Künstlers, das Leben durch Annäherung an ein anderes, mit dem es sympathisieren könnte, zu stimulieren – eine indirekte Anregung, eine Stimulation durch *Induktion.* Unterstellt, jemand hat keine Ahnung was Liebe ist, so kann der Künstler diese Person dadurch zu Emotionen der Liebe hinführen, indem er ihr ein Wesen zeigt, das liebt. Alle Künste sind im Grunde nichts anderes als mannigfache Arten, die individuelle Emotion zu verdichten, um sie unmittelbar übertragbar, um sie gewissermaßen *soziabel* zu machen. Wenn ich durch den Anblick eines dargestellten Schmerzes bewegt werde, so hat das darin seinen Grund, daß diese Darstellung mir zeigt, wie völlig und tief eine Seele von einer anderen verstanden worden ist, daß ein Band innerer Gemeinschaft zwischen dem schaffenden Geist und dem Schmerz, mit dem er sympathisiert, zustandegekommen ist. Es handelt sich hier um eine Vereinigung, um eine vor meinen Augen als wirklich und lebendig bestehende Seelengemeinschaft, die mich auffordert, an ihr Teil zu nehmen. Das Interesse, das wir an einem Kunstwerk nehmen, ist die Folge einer Assoziation, die zwischen uns, dem Künstler und den im Werk dargestellten Figuren entsteht; man geht eine neue Gemeinschaft ein, deren Zuneigungen, Freuden und Leiden man mit sich selbst verknüpft.

Schließlich gesellt sich zur *Expression* noch die *Fiktion,* um die ansteckende Macht der Emotion und der Gedanken zu vermehren. Durch die Fiktion werden wir nicht nur für alle Leiden und Freuden der um uns herum lebenden wirklichen Wesen empfänglich, sondern überhaupt für alles Wesenhafte. Unser Empfindungsvermögen erstreckt sich auf die gesamte von der Poesie geschaffene Welt. Deshalb spielt die Kunst eine beträchtliche Rolle in der Durchdringung des Bewußtseins, das jeden Fortschritt der Entwicklung kennzeichnet. Es erschließt sich ein moralisches und mentales Milieu, in das wir ständig getaucht sind und das sich unserem eigenen Leben beimischt. In diesem Milieu vermehrt die gegenseitige Induktion die Intensität aller Emotionen und Gedanken.

Gemütsbewegung ist wie Aktion das äußere Zeichen des Lebens und beabsichtigte Bewegung ihr inneres Zeichen; außerdem aber auch ein wichtiges Kommunikationsmittel zwischen den Wesen. Daher lassen sich alle Kunstformen darauf zurückführen, Gemütsbewegung und Aktion zu erzeugen oder scheinbar zu erzeugen, um dadurch in uns selbst mitfühlende Bewegungen sowie Keime von Aktionen zu erwecken. Die Musik ist eine dem Ohr wahrnehmbar gemachte Bewegung, eine Schwingung des von einem Körper sich auf den anderen übertragenen Lebens. Der primitivste Rhythmus, das einfache Rollen der Paukenschläge oder ein mit den Fingern vorgenommenes Trommeln ist noch Bewegung und

Leben; denn der Rhythmus stellt Schreiten, Laufen, Tanz und Herzschläge dar. Bildhauerei und Malerei haben die Wandlungen der Form durch die Bewegung zum Ziel. Übrigens tragen die Farben in sich selbst einen symbolischen Wert, der Leben und Gefühle und folglich auch Bewegungen ausdrückt. So ist die Architektur die Kunst, die Bewegung in leblose Dinge einführt. Zunächst organisiert sie die Materialien, dann unterwirft sie sie einer Art von Gesamtaktion, die nach einer einzigen Richtung hin das Gebäude über dem Erdboden aufsteigen läßt, um schließlich durch die Harmonie der Linien dem zum Zusammensinken neigenden Schwerfälligen, Leichtigkeit zu verleihen. Da die Architektur dazu bestimmt ist, Leben zu umschließen, durchdringen Bewegung und Leben sozusagen die Mauern. Ein für das Leben geschaffenes Gebäude kann selbst als eine Art lebender Körper angesehen werden: mit seinen Öffnungen nach außen, seinen Fenstern, die wie Augen, seinen Türen, die wie Mundöffnungen aussehen, schließlich mit allem, was das Kommen und Gehen lebender Wesen kennzeichnet. Kurz, die Kunst ist eine durch das Gefühl bewirkte Ausdehnung des Gesellschaftlichen auf alle Wesen der Natur, und zwar selbst auf solche, die als über die Natur hinausgehend aufgefaßt werden oder gar auf erdichtete, in der menschlichen Phantasie entstandene Gebilde. Die künstlerische Emotion ist also im wesentlichen sozial. Sie läuft darauf hinaus, das individuelle Leben auszudehnen, und zwar dadurch, daß sie es mit einem breiteren und universellen Leben sich vermischen läßt. *Es ist das höchste Ziel der Kunst, eine ästhetische Emotion sozialen Charakters zu erzeugen.*

Zweites Kapitel

Das Genie als Kraft der Soziabilität und Schöpfer eines neuen sozialen Milieus

I.
Das Genie als Kraft der Soziabilität

Während die Experimentalwissenschaft bei ihrer Analyse der Wirklichkeit langsam kleine Tatsachen sammelt und zusammenträgt, verfügt die Kunst nicht über diese Geduld. Sie improvisiert, überholt das Wirkliche und geht darüber hinaus. Da die Gesetze des Wirklichen als gegeben angenommen werden, ist das Ergebnis bei ihr eine *Synthese*, durch die man sich bemüht, irgendeine Wirklichkeit für den Geist wieder aufzubauen, um ein Stück Welt neu zu gestalten. Und da das Schaffen einer Synthese stets eine Kunst ist, ist auch das schöpferische Genie in den Wissenschaften eng mit der Kunst verbunden: auch die Erfindungen der angewandten Mechanik oder die chemische Synthese sind Künste. Wenn der Gelehrte bisweilen etwas stofflich Neues in der äußeren Welt zutagefördern kann, während der Genius des Künstlers nur für sich und für uns schafft, so ist dieser Unterschied doch oberflächlicher als man zu glauben geneigt sein könnte: alle beide verfolgen nach analogen Verfahren denselben Zweck und suchen, auf verschiedenen Gebieten etwas Reales herauszuarbeiten, d.h. Leben zu gestalten und zu schaffen. Bei der Ausarbeitung der Charaktere zum Beispiel verbindet die Kunst ebenso wie die Chemie Elemente zu einer Synthese, die der Wirklichkeit entlehnt sind.

Für das wahrlich schöpferische Genie ist das wirkliche Leben nur eine Zufallserscheinung unter den möglichen Formen des

Lebens, die es in einer Art inneren Vision erfaßt. Ebenso wie für den Chemiker die sich in der Natur verbindenden Entsprechungen nur einzelne Fälle der zwischen den Elementen der Dinge möglichen zahllosen Verbindungen sind, ist für den wahren Dichter dieser oder jener Charakter, den er wie aus dem Leben gegriffen hinstellt, dieses oder jenes Individuum, das er genau beobachtet, nicht ein Zweck, sondern ein Mittel, um die unendlichen von der Natur vorgesehenen Kombinationen zu erahnen. Das Genie geht eher den Möglichkeiten als den Wirklichkeiten nach. Es fühlt sich in der wirklichen Welt in ähnlicher Weise beengt wie ein Wesen, das plötzlich in unseren Raum mit seinen drei Dimensionen geschleudert würde, nachdem es bisher in einem Raum mit vier Dimensionen gelebt hat. Daher sucht das Genie unaufhörlich, über die Wirklichkeit hinauszugelangen, was nicht zu beklagen ist, da dann Idealismus kein Übel sondern die ureigene Voraussetzung für das Geniale ist. Nur darf das einmal festgehaltene Ideal nicht aus dem Kreis des uns vorschwebenden Möglichen heraustreten, selbst wenn es dem Wirklichen, mit dem wir täglich in Berührung kommen, nicht angehört. Man erkennt das wahre Genie daran, daß es umfassend genug ist, um jenseits des Wirklichen leben zu können, und genug Logik besitzt, um nach der Seite des Möglichen niemals irre zu gehen. Übrigens, was unterscheidet das Mögliche vom Unmöglichen? Im Bereich der Kunst läßt sich das mit Sicherheit nicht sagen. Niemand kennt die Grenzen der in der Natur ruhenden Tatkraft und der im Künstler ruhenden Darstellungskraft. Man kann die Poesie und die erhabenste Phantasie nicht im Rahmen des alltäglichen gesunden Menschenverstandes erklären sondern nur in den Grenzen des richtigen Gefühls und der universellen Analogie.

Der hauptsächlichste Charakterzug des Genies ist die Stärke der Vorstellungskraft. Der schöpferische Dichter ist eigentlich ein *Seher,* der das Mögliche, bisweilen sogar das Unwahrscheinliche als etwas Wirkliches sieht. Für den Dichter gibt es auch nichts rein Subjektives, denn die Welt der Vorstellungskraft ist so wie er sie sieht eine wirkliche Welt. Man füge die menschliche Natur der vielseitigen Natur hinzu und vor uns steht die Kunst: ars homo additus naturae. Andererseits, was kann die Wirklichkeit selbst für den Dichter sein, wenn nicht eine Vision, wenn auch eine andere, als die, die das Gehirn allein hervorbringt?

Shakespeare hat mit tiefsinniger Melancholie dieser endgültigen Analogie der Wirklichkeit und des Traumes, der Natur und der Kunst, des Lebens und der umfassenden Illusion Ausdruck verliehen, wenn Prospero im 4. Akt des „Sturms“ sagt: „Wir sind solcher Zeug wie der zu Träumen, und dies kleine Leben umfaßt ein Schlaf“. Die Vorstellungskraft organisiert die Bilder zu einem lebendigen Ganzen nur unter dem Einfluß eines vorherrschenden Gefühls, einer Zuneigung, einer Liebe. Zur Assoziation der Gedanken oder der Bilder bedarf es eines Ansporns, der immer ein irgendeiner Sache entgegengebrachtes Interesse ist, ein mit irgendeinem Zweck verbundener Wunsch oder Wille.

In primitiven Kunstdarstellungen gleicht die Vorstellung einer inkohärenten spontanen Bilderfolge, wie sie sich im Traum präsentiert. Schaffen bedeutet da für den Künstler einfach ein Träumen mit offenen Augen, ein Spielen mit seinen Wahrnehmungen, ohne vorgefaßte Organisation, ohne Mühen, ohne daß das Ende dem Anfang oder der Mitte entspricht, ohne daß die Wahrnehmung der Spontaneität irgendwo Fesseln anlegt. Die wirkliche Kunst beginnt erst mit der Einführung der Arbeit und folglich auch der Mühe in dieses zunächst spontane Spiel, dem nicht eine Verwirklichung des Schönen als Ziel vorschwebt, sondern die Absicht, dem Künstler oder, besser gesagt, dem Spiel ein persönliches Vergnügen zu verschaffen. Das wahre Kunstwerk läßt den Augenblick erkennen, wo aus dem Spiel eine Arbeit wird, d.h. eine Regelung der spontanen Tätigkeit, verbunden mit dem Streben nach einem Resultat, das äußerlich oder innerlich irgendwie zutagetreten muß. Übrigens ist die Kunst nicht das einzige Spiel, das zur Arbeit wird: jedes Spiel, sobald es ein durchdachtes ist und ein Resultat zu erreichen sucht, wird zu echter Arbeit.

Welches ist denn nun beim Genie das vorherrschende und beseelende Gefühl? Wir glauben, daß dem künstlerischen und poetischen Genie eine außerordentlich starke Form von Sympathie und Soziabilität zugrundeliegt, die nur darin Befriedigung finden kann, eine neue Welt, und zwar eine Welt lebender Wesen zu erschaffen. Das Genie muß mit seiner Liebe alle und alles umfassen, um alles zu verstehen. Selbst wenn man in der Wissenschaft durch fortwährendes Denken die Wahrheit findet, denkt man doch nur deshalb fortwährend an sie, weil man sie liebt. „Mein Erfolg als Wissenschaftler“, sagte Darwin, „ist, soweit ich darüber urteilen kann, durch vielfach ineinandergreifende und verschiedene geistige Eigenschaften und Zustände bestimmt worden. Darunter sind als wichtigste zu nennen: Die Liebe zur Wissenschaft, eine grenzenlose Geduld zum Nachdenken über irgendeine Gegebenheit, die Geschicklichkeit und der klare Blick beim beobachten und vereinigen der Tatsachen und eine Gabe, die zwischen Phantasie und gesundem Menschenverstand gelegen ist.“ Diesen verschiedenen Eigenschaften muß man noch eine weitere hinzufügen, von der Darwin nicht spricht, die aber seine Biographen erwähnen, nämlich die Fähigkeit, sich zu begeistern und alles zu lieben, was er beobachtete: die Pflanze, das Insekt von der Form seiner Füße bis zu der seiner Flügel, was angesichts seiner stets bereiten Bewunderung dem kleinsten Detail und dem winzigsten Wesen eine erhöhte Bedeutung verlieh. Die „Liebe zur Wissenschaft“ führte so zu einer leidenschaftlichen Zuneigung für die Dinge der Wissenschaft, zu einer Liebe für lebende Wesen, zu einer allumfassenden Sympathie.

Jeder kann sich ohne große Mühe in die äußere Lage eines anderen versetzen. Die Besonderheit des poetischen und künstlerischen Genies aber ist es, daß es imstande ist, sich sowohl von den ihn umgebenden äußeren Umständen zu befreien, als auch von inneren wie Erziehung, Moral, erworbene Qualitäten oder Fehler. Sie offenbart sich ferner in Entpersönlichung und im Ahnen des ursprünglichen Lebens- und Willensfunken bei allen, auch den unwesentlichsten Phänomenen. Nach einer auf diese Weise vollzogenen Vereinfachung überträgt der Künstler das in sich fühlende Leben nicht nur auf den Bereich, in dem andere sich bewegen, sondern sozusagen auch auf das Herz anderer Wesen. Daher die wohlbekannte Forderung, nach der der Künstler, der Dichter oder der Romanschriftsteller seine Personen *selbst leben* muß, und zwar nicht oberflächlich, sondern so gründlich, als ob er leibhaftig eins mit ihnen geworden wäre. Mit den Gaben seines persönlichen Lebens ein anderes, und zwar ein *ursprüngliches* Leben hervorzubringen, gilt als das von jedem Schöpfer zu lösende Problem.

Das persönliche Leben besteht aus einer Einheit und Systematisation des Wortes, des Denkvermögens und der Handlung. Die Form dieser Systematisation wechselt mit den Individuen und kann nicht im voraus bestimmt werden, weil man die grenzenlose Veränderlichkeit der lebenden Zelle unter dem Einfluß des Milieus nicht bestimmen kann. Der Dichter jedoch muß sie ahnen, d.h. er muß das erahnen, was es in jedem Individuum für sich genommen an Unaussprechlichem gibt und infolgedessen im Bereich des Möglichen *erfinden:* er muß *kreieren.*

Der in der deutschen Ästhetik nachgerade alltäglich gewordene Unterschied zwischen subjektiven und objektiven Geistesgaben erscheint uns etwas oberflächlich. Ist es doch gerade die Eigenart des Genies, seine Individualität mit der Natur zu vermischen und nicht nur alltägliche Wahrnehmungen sondern persönliche, durch ihre Intensität und ihre Subjektivität ansteckende Emotionen zum Ausdruck zu bringen. Es gibt allerdings Genies, die nur eine einzige Stimme zur Verfügung haben, während anderen ein ganzes Orchester zur Verfügung steht – eher ein Unterschied im Reichtum als ein Unterschied von Natur aus. Es liegt im Charakter eines Genies, unpersönlich zu erscheinen, und zwar nicht weil es das in Wirklichkeit ist, sondern weil es ihm gelingt, mehrere Individualitäten in seiner eigenen zu vereinigen. Es ist fähig, der Reihe nach dieses oder jenes Gefühl über und durch alle anderen vorherrschen zu lassen und erreicht auf diese Weise mehrere seelische Einheiten und Typen, die es in sich selbst verwirklicht und als deren Band es fungiert. Der Unterschied zwischen objektiven und subjektiven Geistesgaben geht auf den Unterschied zwischen Imagination und Empfindungsvermögen zurück, indem bei den einen die Imagination, bei den anderen das Empfindungsvermögen überragt. Indes möchte ich meinen, daß das Charakteristikum des wahren Genies das Eindringen eines fruchtbaren Empfindungsvermögens in die Imagination ist. Die Gaben bloßer Imagination sind verwaschen: Farbe oder Form ohne Gefühl ist ein Hirngespinst. Goethe wird wie Shakespeare im allgemeinen zu den objektiven Genies gezählt und doch, gibt es etwas Subjektiveres als „Werther“? Und ist nicht der Dichter des „Sturms" der subjektivste Poet, der größte „Impressionist", derjenige, der uns die feinsten und zartesten Gefühle entgegenbringt: ein Gemisch aus Wünschen und Träumen, aus Fröhlichkeiten, die sich in schwermütigen Stimmungen auflösen, und in Trübseligkeiten, die im Lächeln enden. Wenige Genies haben eine ausgeprägtere Physiognomie als Mozart und doch, wer möchte den Schöpfer des „Don Giovanni" und der „Zauberflöte" zu den Subjektiven zählen? weil es *mehrere* Personen in sich vereinigt, trägt das Genie mehr als alle anderen den Stempel des „ineffabile individuum" und birgt so etwas wie eine lebendige Gesellschaft in sich.

Im innersten Kern des schöpferischen Genies, in der Fähigkeit, aus sich herauszugehen, sich aufzuteilen, sich zu entpersönlichen, will sagen, in dieser höchsten Kundgebung der Soziabilität ruht aber auch eine Gefahr. Es ist immer gefährlich, mehrere Leben mit ihren unterschiedlichen Umständen auf eine zu intensive und zu überzeugende Art und Weise auf einmal zu leben. Und so hat man das Genie oft in der Nähe des Wahnsinnigen gesehen. Gewiß, einer ihnen gemeinsamen Züge ist die Verdoppelung der Persönlichkeit, doch kann diese sich so vervollständigen, daß der Künstler vom Spiel der Kunst düpiert wird. Dadurch, daß das Genie den Menschen aus sich herausgehen läßt, um ihn in den Charakter anderer hineinschlüpfen zu lassen, kann es sich verlieren, kann es das Merkmal seines Ich dahinschwinden sehen und das Gleichgewicht einer gesunden Persönlichkeit verlieren.

II.
Das Genie und die Schöpfung eines neuen sozialen Milieus

Der geniale Mensch ist entweder durch eine außerordentlich intensive und harmonische Entwicklung aller Fähigkeiten, besonders der synthetischen (Imagination und Liebe) charakterisiert oder durch eine außerordentliche Harmonie zwischen mehreren genügend starken Fähigkeiten. Kurz, das vollkommene Genie ist Kraft und Harmonie, während das partielle Genie entweder Kraft oder Harmonie ist.

Welches sind denn nun die Ursachen des Genies, lassen sie sich alle im physischen und sozialen Milieu finden? Nein, die allgemeinen, vom äußeren Milieu abhängenden Ursachen sind nur *Vorbedingungen;* denn das Hervortreten des Genies ist dem glücklichen Zusammentreffen einer Menge von Ursachen bei der Erzeugung und der Entwicklung des Embryos zuzuschreiben. Das Genie ist wahrhaft jener „glückliche Zufall", von dem Darwin spricht. Unserer Meinung nach ist das Genie eine zufällige Modifizierung der Fähigkeiten und ihrer Vermittler in einem der Erfindung neuer Dinge günstigen Sinn. Und ist dieser „glückliche Zufall" einmal eingetreten, dann läuft er nicht auf eine erbliche und physische Übertragung hinaus, sondern führt neue Typen in die Welt der Gedanken und der Gefühle ein. Das Genie modifiziert also das schon vorhandene soziale und intellektuelle Milieu und ist nicht selbst das reine und einfache Produkt des Milieus. Die Eigenart des mittelmäßigen Talentes erweist sich als eine Resultante, deren Gesamtsumme sich finden läßt, wenn man das Milieu und den äußeren Charakter eines Autors, so wie er sich im Leben entwickelt hat, untersucht. Die Eigenart des Genies hingegen ist es, unauflösbare Unbekannte zu enthalten, womit nicht gesagt sein soll, daß die Entstehung des Genies nicht auch gewissen erkennbaren wissenschaftlichen Gesetzen gehorcht. Zweifellos gibt es nichts im genialen Menschen, das nicht durch Zeugung, Vererbung und schließlich durch Erziehung und Milieu erklärt werden könnte, wofern man nicht die wissenschaftlich seltsame Hypothese von der Willkür bei der Entstehung des Genies gelten lassen will. Indes wird das Genie immerhin durch eine *scheinbare* Abweichung von diesen Gesetzen charakterisiert, das heißt durch Konsequenzen aus diesen reichlich verwickelten Gesetzen sowie durch Einflüsse, die genügend kreuz und quer gehen, um scheinbare Ausnahmen und Widersprüche herbeizuführen. Während alle gewöhnlichen Individuen einen Geist mit sozusagen regelmäßigem Gewebe aufweisen, dessen Fäden sich zählen lassen, ist das Genie eine Strähne, deren Fäden wirr durcheinander laufen, wobei die Bemühungen des Kritikers, diese Strähne zu entwirren, im allgemeinen nur oberflächliche Ergebnisse zeigen. Hippolyte Taine hat gewiß hervorragende zusammenfassende Studien über die Kunst in Griechenland, Italien und in den Niederlanden geschrieben. Doch wollte man aus diesen Studien der verschiedenen äußeren Milieus das ureigene und persönliche Genie dieses oder jenes Bildhauers oder Malers erkennen, so wäre das ungefähr dasselbe, als wolle man das Alter eines Menschen nach dem Durchschnittsergebnis einer Statistik oder die Hauptergebnisse eines Lebens anhand der Geschichte eines Jahrhunderts bestimmen.

Zu Recht wurde in unserem Jahrhundert das psychologische und soziologische Element in die Literaturgeschichte eingeführt, und es ist daher wichtig, seine Bedeutung und seine Grenzen näher zu bestimmen. Villemain, einer der ersten, der das Kunstwerk als den Ausdruck einer Gesellschaft auffaßte, verband mit seinen Urteilen die Geschichte der Autoren und ihrer Epochen. Danach war es Sainte-Beuve, der erklärte, „daß er ein Werk nicht unabhängig von dem Menschen, der es geschrieben hat, beurteilen könne", und stellte biographische Forschungen über die Kindheit des Schriftstellers, dessen Erziehung sowie über die literarischen Gruppen, zu denen er gehört hatte, an. Aber ist man z.B. in Balzacs Genie eingedrungen, wenn man seinen Kampf gegen seine Gläubiger, gegen sein Elend oder den Widerstand des Publikums kennt? Der ganze Eigensinn seines Charakters, seine hartnäckige Energie und zugleich sein Leichtsinn bei den heikelsten finanziellen Kombinationen, seine ganze Findigkeit beim Ersinnen von Auswegen lassen sich aus seinen Werken ebensogut und besser als aus seinem Dasein erraten. Denn beim wahren Künstler ist die praktische Existenz nur das Äußere, nur die Oberfläche, während der moralische Charakter am deutlichsten im Werk zum Ausdruck kommt. Dort, wo sich beträchtliche Gegensätzlichkeiten zwischen dem Werk und dem Leben zeigen, wie bei Bacon oder Seneca, muß in erster Linie dem Werk Aufmerksamkeit geschenkt werden. Man muß davon ausgehen, daß man darin gleichzeitig das Wesentliche und das Beste des Menschen findet. Was hat z.B. das Leben des klugen Pierre Corneille heldenhaftes an sich? Worin unterscheidet es sich erheblich von dem seines Bruders Thomas? Sie teilen dasselbe Milieu und lesen fast ein und dasselbe. Aber Pierre Corneille wird sein ganzes Leben lang von stolzen und standhaften Charakteren heimgesucht, die pflichtbewußt und heroisch vor ihm stehen. Wenn Lukan und die Spanier zu den Lieblingsdichtern Corneilles gehörten, liegt der Grund dafür einfach darin, daß die Natur seines Genius sich zu ihnen hingezogen fühlte. Mit den Erleichterungen aller Art, die uns die Buchdruckkunst liefert, wählt heute das Genie sich selbst sein Milieu und bestärkt sich durch seine Lieblingsstudien. Aber alles das formiert es noch nicht, sondern dient eher dazu, das Geniale zu bestätigen. Der Historiker ist meistens wie ein Prophet nach dem Geschehen. Er forscht in den Sitten, in der Lieblingslektüre, in den Lebensumständen nach den Ursachen, die dieses oder jenes Werk bestimmt haben und bemerkt nicht, daß sich alle diese Umstände durch die gleichen Gründe erklären, die das Werk hervorgebracht haben: durch das mit dem moralischen Charakter innig verbundene Genie.

Taine hat frei heraus den Weg einer nicht mehr nur psychologischen sondern auch soziologischen Betrachtung betreten. Die Geschichte selbst ist seiner Meinung nach ein Problem der Psychologie, wobei die Geschichte das bedeutendste aller Dokumente, vor allem das literarisch wertvollste Buch ist. Dieser Grundsatz ist in seiner Allgemeinheit richtig. Man müßte sich nur über den Grad und die Art und Weise der Bedeutung einigen können, die den literarischen Wert eines Werkes charakterisieren. Nach unserer Ansicht müßte dasjenige Werk das stärkste sein, welches das *sozialste* ist, das am vollständigsten die Gesellschaft darstellt, in der der Künstler gelebt und aus der er hervorgegangen ist, die er für die Zukunft voraussieht und die die Zukunft vielleicht verwirklichen wird. Da wir selbst davon ausgegangen sind, daß die ästhetische Emotion eine soziale Emotion ist, wollen wir auch gerne zugestehen, daß der auf einer höheren Warte zusammengefaßte Ausdruck der Gesellschaft die Charakteristik eines bedeutenden Werkes ausmacht, allerdings unter der Bedingung, daß es sich nicht nur, wie bei Taine, um die zeitgenössische Gesellschaft eines Autors handele. Denn das Genie beläßt es nicht bei einem Spiegelbild, es erzeugt und erfindet. Das heißt, es ist vor allem der Grad der Vorwegnahme auf die kommende, ja selbst auf eine ideale Gesellschaft, der die großen Genies, die Anführer des Geistes und des Empfindens charakterisiert.

Taines soziologische Theorie und auch die von ihm aufgestellten allgemeinen Gesetze erweisen sich als ungenügend, da sie nur einen Teil der Wahrheit darstellen. Zwar ist der Einfluß des Milieus unbestreitbar, doch meistens läßt er sich nicht bestimmen und was wir davon wissen, erlaubt meistens keine Folgerungen, weder vom Kunstwerk auf die Gesellschaft noch von der Gesellschaft auf das Kunstwerk. Und was den Einfluß der Rasse betrifft, von dem Taine spricht, so weiß man, daß es keine reinen Rassen gibt. Das ist eine von der Anthropologie bewiesene Tatsache. Bei ein und demselben Volk wechselt von einem Landstrich zum anderen der Geist recht beträchtlich und dennoch ist der einem Landstrich eigentliche Geist nicht immer erkennbar. Wir können nicht bestimmen, bis wie weit und in welchem Maße der hervorstechende Zug der Rasse bei Individuen und besonders bei Künstlern vorhanden ist.

Der Einfluß des Wohnorts wird als ein weiteres wesentliches Element für die ästhetische Soziologie angesehen. Aber obwohl die griechische Poesie Griechenland in genauen Strichen aufzeigt, haben die italischen Bewohner von Groß-Griechenland, trotz der Ähnlichkeit beider Küsten keine athenische Literatur hervorgebracht. Der Einfluß des sozialen und historischen Milieus scheint mir offensichtlicher zu sein. Sicherlich hat es in Frankreich einen gleichen Geisteszustand gegeben, aus dem die Theorien eines Descartes, die Poesie eines Boileau, die eines Racine und die Malerei eines Poussin hervorgegangen sind. Doch bleibt die Frage, worauf denn nun eigentlich der Künstler, der Dichter, der Denker seine Arbeit aufbaut? Die Antwort lautet: Auf dem Gesamt der Ideen und Gefühle seiner Epoche; denn dieses stellt seinen Gegenstand dar und bedingt seinerseits die Form. Es ist am Genie, eine neue Form zu finden, die die Kenntnis des vorgegebenen Gegenstandes nicht hätte vorhersehen lassen. Außerdem ist es am Genie, dem Gesamt der Ideen (wenn es sich um Denker handelt) sowie dem Gesamt der Gefühle und Vorstellungen (wenn es sich um Künstler handelt) etwas hinzuzufügen. Die Geschichte der Literatur gleicht der Geschichte der wissenschaftlichen Entdeckungen.

Beide sind gleichermaßen fesselnd und dienen dazu, die große Unbekannte, nämlich die Geistesgaben herauszustellen, zumal originelle Werke ebenso wie große Entdeckungen nie gänzlich zu deuten sind.

Der Einfluß von Umständen und Milieus, der am Anfang von Literaturen und Gesellschaften, wenn auch nicht umfassend, so doch recht bedeutend ist, nimmt in dem Maße ab, in dem sie sich entwickeln, und verschwindet fast ganz, wenn sie sich voll entfaltet haben. Der Mensch strebt nach einem Verharren in seinem Sein, um sich den um ihn herum sich verändernden physischen oder sozialen Umständen anzupassen. Er ist darauf bedacht, alle Mittel seiner Intelligenz so wenig wie möglich umzugestalten. Als die Menschen aus einem heißen in ein kaltes Klima kamen, haben sie sich mit Fellen bedeckt; nur von Früchten lebende Stämme haben Korn mit sich geführt und angebaut; der Urmensch hat zur Deckung vor den großen Raubtieren Waffen erfunden, anstatt wie andere unbewaffnete Tiere Schnelligkeit und List zu entwickeln. Nicht weniger strebt der Mensch danach, in seinem seelischen Zustand zu verharren. In dem Maße, in dem das Individuum an einem stärker abwechslungsreich gestalteten und mehr ausgedehnten sozialen Gesamt teilnehmen wird, dessen Organisation weniger moralische Opfer von seiten der Bürger fordert, wird es ohne sonderliche Anstrengung seine eigenen Fähigkeiten bewahren können, um einem starken sozialen Druck Widerstand zu leisten. Daher rührt die stete Zunahme der Individualität und der persönlichen Freiheit seit den Zeiten der Antike. Die moderne Geschichte und der moderne Roman lassen erkennen, daß die Gesellschaften durch eine graduelle Wirkung der Ungleichartigkeit danach streben, sich in eine immer zunehmende Anzahl von unabhängigen Milieus aufzulösen und diese in immer unähnlicher werdende Individuen. Mit der fortschreitenden Entwicklung dieser Unabhängigkeit der Geister läßt sich im Bereich der Kunst die immer kürzer werdende Dauer der Schulen erklären, und je mehr sich die Kultur, der sie angehören, entwickelt, auch der immer geringer werdende Nationalcharakter der Künste.

Es ist also nicht leicht, von einem gegebenen Werk auf die Gesellschaft zu schließen, in deren Mitte es entstanden ist, falls man sich nicht in Allgemeinheiten und Banalitäten verlieren will. Wir gehen nicht so weit zu behaupten, daß der Einfluß des sozialen Milieus für die meisten großen Genies wie Äschylus, Michelangelo, Rembrandt, Balzac oder Beethoven nicht bestanden habe, möchten aber betonen, daß dieser Einfluß in hochzivilisierten Gemeinwesen – etwa im Athen der Sophisten, im kaiserlichen Rom, im Italien der Renaissance, im zeitgenössischen Frankreich und England – aufhört, bestimmend zu wirken.

Die Frage der Beziehungen des Genies zum Milieu ist von beträchtlicher Komplexität. Alle Theorien bringen nur einen Teil der Wahrheit zum Ausdruck und laufen auf begrenzte Systeme hinaus. Die großen Persönlichkeiten und ihr Milieu befinden sich im Zustand einer aufeinander einwirkenden Tätigkeit, die das Problem ihrer Beziehungen oft ebenso wissenschaftlich unlösbar gestaltet wie das „Problem der drei Körper" und ihre gegenseitige Anziehung. Der unvollständigen Theorie Taines über die Beziehungen des sozialen Milieus zum künstlerischen Genie und über die zwischen dem einen und dem anderen sich vollziehenden Folgerungen müßte man eine auf das entgegengesetzte Prinzip sich gründende Theorie hinzufügen. Taines Annahme, daß zunächst das Milieu da sein muß, läßt sich weit eher auf das schlichte Talent als auf das Genie anwenden. Erst die umgekehrte Doktrin spricht sozusagen den Hauptcharakterzug des Genies an, nämlich Initiative und Erfindung. Darunter verstehen wir nicht eine absolute Initiative, auch nicht eine Erfindung, die einer Schöpfung aus dem Nichts gleichkäme, sondern eine neue Synthese aus schon vorhandenen Gegebenheiten, ähnlich einer Kombination von Bildern im Kaleidoskop, die neue unerwartete Formen enthüllt.

Drittes Kapitel

Von der Sympathie und der Soziabilität in der Kunstbetrachtung

Die von uns unternommene Analyse der Beziehungen zwischen dem Genie und dem Milieu erlaubt uns zu bestimmen, was wahre Kunstbetrachtung sein soll. Heute ist die Analyse des Werkes allmählich zur Geschichte und Untersuchung des Schriftstellers geworden: man legt sich Rechenschaft über die Entstehung seiner Eigenart ab, baut seine Psychologie auf, kurz, man schreibt den Roman des Romanciers. Das ist alles schön und gut, macht jedoch nur die Summe des Materials der Betrachtung aus, aber nicht die Betrachtung selbst. Man sieht das Werk nur als das mehr oder weniger passive Produkt zweier im Grunde gleicher unbewußter Kräfte an: des Temperaments des Schriftstellers und des Milieus, in dem es sich entfaltet. Jedoch ein Standpunkt, der den wesentlichen Faktor des Genies, nämlich die bewußte und liebevolle Willenskraft vernachlässigt, ist unvollständig. Nachdem man das literarische Werk als Produkt des *persönlichen Temperaments* des Verfassers analysiert hat (vererbte Prädispositionen, Art des Talents usw.) sowie als das des Milieus, in dem sich dieses Temperament entwickelt hat (Epoche, soziale Klasse, besondere Lebensumstände), bleibt immer noch das Werk selbst zu betrachten und die Quantität des darin enthaltenen Lebens annähernd abzuschätzen. Man muß am Ende auf das Werk selbst zurückkommen, muß es zu würdigen suchen, indem man es von demselben Standpunkt aus betrachtet, von dem aus sein Verfasser es betrachtet hat. Die ganze von der „historischen“ Betrachtungsweise unternommene vorbereitende Arbeit kann immer nur dazu dienen, diesen Standpunkt möglichst genau zu bestimmen und uns mit den lebenswahren Typen bekannt zu machen, die der Dichter in Analogie mit seinem eigenen Leben und seiner eigenen Natur ersonnen hat. Wir sehen dann, bis zu welchem Grad er diese Typen verwirklicht hat oder, um uns genauer auszudrücken, bis zu welchem Grad er bei den vielen verschiedenen Seiten seines Wesens sich selbst in seinem Werk verwirklicht hat. In der Tat kann das Studium des Milieus dazu dienen, besser zu verstehen, was das Genie an Individuellem und Unbeugsamem enthält. Doch Taines Schule hat übersehen, daß ein Werk nicht nur durch die Züge charakterisiert wird, die es mit anderen Werken derselben Epoche und den damals geläufigen und gültigen Ideen gemein hat, sondern auch vor allem durch das, was es davon unterscheidet. Diese Denkschule untersucht nicht genügend die *Persönlichkeit der Werke,* ihre innere Anordnung und das ihnen eigene Leben.

Um ein Kunstwerk richtig zu verstehen, muß man sich von der es beherrschenden Idee so tief durchdringen lassen, daß man bis zur *Seele* des Kunstwerks gelangt. Erst dann erlangt es in unseren Augen eine echte Eigenart und schafft gleichsam ein zweites Leben an der Seite des unseren. Man könnte das die *Innenschau* des Kunstwerks nennen, zu der viele oberflächliche Beobachter unfähig sind. Man gelangt zu ihr durch eine Art von Versenken in das Werk durch eine innere Sammlung, die sich von allem anderen frei macht. Manchmal sieht man eine schöne Statue oder ein schönes Bild besser, wenn man die Augen schließt und sich bemüht, das innere Bild festzuhalten; denn mit der Kraft, dieses innere Gesicht in uns entstehen zu lassen, lassen sich die erhabensten Kunstwerke am besten beurteilen. Schließlich ist die Bewunderung nicht so passiv wie ein reiner und schlichter Sinneseindruck. Und ein Kunstwerk ist um so bewunderungswürdiger, je mehr persönliche Emotionen und Gedanken es in uns erweckt, je *suggestiver* es wirkt. Große Kunst ist diejenige, der es gelingt, uns zu dem Dargestellten etwas Zusätzliches zu geben, die zentrale Note mit anderen Harmonien anzureichern. Aber nicht alle Geister sind fähig, bei der Berührung mit einem Kunstwerk in ein und demselben Grad mitzuschwingen, um das Gesamt der Emotionen zu empfinden, die das Kunstwerk vermitteln kann. Es ist am Kunstkritiker, die gesamte Harmonie des Werkes zu verdeutlichen, alle Komplementärfarben hervorzuheben, um sie für alle wahrnehmbar zu machen. Der ideale Kritiker ist der Mensch, dem das Kunstwerk die meisten Gedanken und Emotionen suggeriert und anderen vermittelt. Er ist der Mensch, der vor dem Werk am wenigsten *passiv* ist und darin das meiste entdeckt. Mit anderen Worten, der Kritiker im wahrsten Sinne des Wortes ist derjenige, der am besten alles Schöne bewundern kann und am besten Bewunderung zu lehren vermag.

Beim Kennenlernen eines schönen Buches sind drei Perioden zu unterscheiden. Erstens die Periode des *Enthusiasmus,* in der das Buch noch unbekannt ist, man es liest oder entziffert, kurzum, man es entdeckt. Zweitens die Periode der *Ermüdung,* in der man das Buch gelesen und immer wieder gelesen hat, so daß es einem bis zum Überdruß im Ohr klingt. Und drittens die Periode der *Freundschaft,* in der das Buch in unserem Herzen so kraftvoll nachklingt, daß man in der Lage ist, es richtig zu beurteilen.

Ebenso wie bei jeder ästhetischen Emotion Sympathie entsteht, kann durch unharmonische und mißtönende Eindrücke bei manchen Lesern auch Antipathie verursacht werden, wodurch das Verstehen des Werkes – und wäre es ein Meisterwerk – gehemmt wird. Gerade bei allzu kritischen Geistern findet sich oft eine gewisse mangelnde Soziabilität, die uns ihren Urteilen mißtrauen läßt. Warum ist das plumpe Urteil der Menge recht oft richtiger gewesen als die Würdigungen der Berufskritiker? Die Antwort lautet: Weil die Menge keine Persönlichkeit besitzt, die dem Künstler Widerstand leistet. Sie läßt sich naiv ergreifen und dieses Gefühl ihrer Unverantwortlichkeit, ihrer Unpersönlichkeit ist es, das ihrem Enthusiasmus einen gewissen Wert verleiht. Sie hat keine Ahnung von Hintergedanken, von übler Laune, intellektuellem Egoismus und ausgeklügelten Vorurteilen, die gefährlicher sind als alles andere. Für einen Berufskritiker ist zu tadeln und besonders Fehler zu finden eines der Mittel, seine Daseinsberechtigung zu beweisen und vor einem Autor seinen Mann zu stehen. Um sich seinen Platz an der Sonne zu erobern, fühlt sich der Kritiker oft gezwungen, das Völkchen der Autoren und Künstler grob zu behandeln, wodurch sehr leicht eine mehr oder weniger unbewußte Feindschaft zwischen den beiden Lagern entsteht. Andere heruntersetzen, heißt sich selbst erheben. Eine so gestaltete Betrachtungsweise ist nichts weiter als eine egoistische Vergrößerung der Person, die eine andere beherrschen will. Wir alle kennen das diebische Vergnügen, stolz zu äußern, man habe keines gehabt, man sei nicht „ergriffen“ worden, sei unerschüttert geblieben. Bisweilen gewährt uns gar die Gegenwart des Häßlichen in einem Kunstwerk dieselbe Freude wie die des Schönen – allerdings nur wegen des diesbezüglichen Hinweises. Wer dem Häßlichen begegnen will, wird es immer und überall treffen und um des Vergnügens an der Kritik willen gänzlich das Vergnügen, im Innersten berührt zu werden, verlieren.

Ein zeitgenössischer Philosoph hat erklärt, es gehöre zu den höchsten Aufgaben der Philosophie, auszugleichen und nicht zu widerlegen; der Philosoph müsse bei der Würdigung der Systeme die beiden großen moralischen Tugenden: Gerechtigkeit und Brüderlichkeit beibringen. Dieser dem Philosophen unentbehrlichen Tugenden bedarf in noch weit höherem Grad der Literaturkritiker, zumal das Empfinden in der Literatur eine überragende Rolle spielt. Während es beim Kritisieren eines Philosophen nicht immer genügt, ihm entgegen recht haben zu wollen, um sich selbst überlegen darzutun, genügt es nur zu oft in der Kunst, einfach nicht berührt sein zu wollen, nur um es nicht zu sein. Man ist stets mehr oder weniger frei, sich zu versagen, sich in sein feindliches Ich einzuschließen und sich sogar darin zu verlieren. Es geziemt daher den Literaten nicht weniger als den Philosophen, das höchste Gebot der Moral zu befolgen, welches lautet: „Liebet euch untereinander.“ Denn wenn Barmherzigkeit eine Pflicht gegenüber dem Menschen ist, warum sollte sie es nicht auch gegenüber seinen Werken sein, in denen er das Beste, was er in sich zu fühlen glaubte, hinterlassen hat? Das Buch, und mag es noch so unvollkommen sein, ist immer noch eine der höchsten Ausdrucksarten „ewigen Lebenswillens“ und verdient daher mit Recht unsere Achtung. Es bewahrt eine Zeit lang jenes unbestimmbare, so zerbrechliche und doch so tiefe Etwas, das man den „Akzent“ der Persönlichkeit nennt, und das am besten zu jedem Herzen spricht, das zu lieben weiß. Wer ein Buch wie einen Vorübergehenden mit zerstreuter und unfreundlicher Gleichgültigkeit behandelt, wird es wahrlich nicht verstehen; denn der menschliche Gedanke als individueller Ausdruck eines Wesens muß geliebt werden, um verstanden zu werden. Öffnen wir dagegen ein uns liebgewordenes Buch, mit dem wie mit einem Menschen zu plaudern, uns zur Gewohnheit geworden ist, werden wir zwischen allen Gedanken harmonische Beziehungen entdecken, die sich einander ergänzen; der Sinn einer jeden Zeile wird sich für uns erweitern.

Daher darf man den hominem unius libri nicht gar zu sehr verachten. Er liebt seinen Autor, und da er ihn liebt, ist die Möglichkeit gegeben, daß er ihn versteht und sich das Beste aneignet. Der Kritiker begeht oft den Fehler, der Mann aller Bücher zu sein. Welche Fülle von Sympathie müßte er angehäuft haben, um sein Herz allen Gedanken, mit denen er in Berührung tritt, aufrichtig entgegenschlagen zu lassen! Eine solche Sympathie läuft Gefahr, gar zu „allgemein" zu werden und, bei dem Bestreben, sich auf alle zu erstrecken, sich niemandem mehr zuzuwenden.

Der Nutzen kritischer Hinweise auf Fehler liegt darin, den Geschmack vor gewissen unerfreulichen Schwärmereien und vielleicht auch das Genie vor gewissen Verirrungen zu bewahren, wobei das Letztere das Schwierigere ist. Um diesen doppelten Zweck zu erreichen, darf nicht eine systematische und erzürnte Kritik der Fehler betrieben werden sondern eine unparteiische und gelassene Kritik der Schönheiten und Fehler. Um einen Autor zu verstehen, muß man sich mit ihm „in Beziehung setzen", allerdings kann man sich nicht aufgrund der Leichtigkeit, mit der sich diese „Beziehung" herstellen läßt, ein Urteil von dem eigentlichen Wert eines Autors bilden. Es stehen sich hier zwei Endpunkte gegenüber: der Autor und der Leser, die ganz gut harmonisieren können, ohne aufrichtig zu sein; denn zu gewissen Zeiten ist die Geschichte ebenso wie das gesamte soziale Leben gekünstelt und falsch gewesen. Es ist vorgekommen, daß in einer solchen Epoche diese oder jene literarische Persönlichkeit mit größtem Nachdruck zu imponieren vermocht hat. Wenige Jahre später stand sie isoliert da und war kaum mehr imstande, Sympathie zu erwecken, so z.B. Chateaubriand. Er hat einen zu seiner Zeit vorherrschenden Typus repräsentiert, der jedoch verwelkte, da er nicht mit dem des ungekünstelten und ewigen Lebens übereinstimmte.

Es sind durchaus nicht die verwickelten Gesetze der Sinneseindrücke, der Emotionen oder gar der Gedanken, die die Kunstbetrachtung zu einer so schwierigen Aufgabe machen, da es sich immer überprüfen läßt, ob ein Kunstwerk ihnen entspricht. Sobald es sich jedoch um die Beurteilung handelt, ob dieses Kunstwerk das *Leben* darstellt, vermag sich die Kritik auf nichts Absolutes mehr zu stützen. Keine dogmatische Regel kommt ihr zu Hilfe; denn das Leben läßt sich nicht überprüfen, es läßt sich nur fühlen, lieben, bewundern. Es spricht weniger zu unserem Urteil als vielmehr zu unseren Gefühlen von Sympathie und Soziabilität. Aus allem Vorhergehenden können wir auf den höchst sozialen Charakter des wahren Kunstbetrachters schließen. Muß er sich doch nicht nur Gesellschaftsformen anpassen, die historisch existiert haben, sondern auch solchen, die zwischen menschlichen Wesen existieren und in jedem genialen Werk durch Vorwegnahme ausgedrückt sein können.

Viertes Kapitel

Die Darstellung des individuellen und sozialen Lebens in der Kunst

I.

Die Kunst verfolgt zwei bestimmte Zwecke. Einerseits sucht sie angenehme Sinneseindrücke (Farben, Töne usw.) zu erzeugen, andererseits Phänomene psychologischer Induktion zu erfassen, die zu Ideen und Gefühlen komplexerer Natur (Sympathie für dargestellte Personen, Interesse, Mitleid, Entrüstung usw.), kurz, zu sozialen Gefühlen führen. Diese Induktionsphänomene machen die Kunst zum Ausdruck des Lebens.

Immer wenn die Kunst Sinneseindrücke hervorzurufen wünscht, findet sie sich in der Gegenwart unbestreitbarer wissenschaftlicher Gesetze und dementsprechend grenzt die Ästhetik an Physik, Mathematik, Physiologie und Psychophysik. Die Bildhauerkunst stützt sich auf Anatomie und Physiologie, die Malerei auf Anatomie, Physiologie und Optik, die Architektur auf Optik (die goldene Regel usw.), die Musik auf Physiologie und Akustik und die Poesie auf die Metrik, deren allgemeine Gesetze sicherlich mit der Akustik und der Physiologie in Zusammenhang stehen.

Allerdings wenn die Kunst einzig darauf beschränkt wäre, angenehme Sinneseindrücke zu erzeugen, würde ihr Bereich relativ begrenzt sein und ihre Gesetze wären weitaus beständiger. Wenn also die Kunst kein anderes Ziel haben sollte, als eine Augen- und Ohrenweide zu sein, könnte sie eines Tages zu einem System technischer Regeln werden, zu einer bloßen Frage der *Geschicklichkeit,* des nüchternen Wissens. Jedoch eine auf diese Weise nur angenehm hergerichtete Sinneseindrücke vermittelnde Kunst gäbe uns nichts weiter als das rein Abstrakte der Dinge und der Welt.

Die Regeln des angenehmen Sinneseindrucks sind *Grenzen* für die Kunst, und es ist die Rolle des Genies, diese Grenzen zu verschieben und den Eindruck zu erwecken, die Regeln würden von ihm verletzt.

Der wahre Zweck der Kunst besteht in der Darstellung des Lebens, wobei zwei Gruppen von Gesetzen zu befolgen sind: Zum einen die Gesetze, die in uns die Beziehungen unserer subjektiven Vorstellungen regeln, und zum anderen die Gesetze, die die objektiven Bedingungen regeln, unter denen das Leben möglich ist. Die Gesetze, die die Beziehungen der Vorstellungen gebieten, stellen eine Art Wissenschaft von der inneren Perspektive dar. Wie in der Malerei gibt es bei jeder Kunstform Verkürzungen, Schatten- und Lichtwirkungen, Ansichten und Fragen, die den Vordergrund oder Hintergrund zum Gegenstand haben. Um die Illusion der Wirklichkeit hervorzurufen, ist der Dramatiker zum Beispiel immer gezwungen, gewisse Züge zu übertreiben, das heißt, mit Vorbedacht stellt er das Leben ungetreu dar. Was die Gesetze betrifft, die sich auf die objektiven Bedingungen beziehen, unter denen das Leben möglich ist, so sind sie zum größten Teil unbekannt und können nicht Gegenstand irgendeiner exakten Wissenschaft sein. Ist es schon sehr schwer, das Leben als solches wissenschaftlich zu erklären (selbst in seinen winzigsten Äußerungen), um so schwieriger dürfte es sein, das geistige und moralische Leben zu erklären, das der Künstler in seinen Werken zu vergegenwärtigen sich bemüht. Das Leben ist durch abstrakte Analyse um so weniger erfaßbar, je individualisierter es ist, und Individualität im höchsten Grad ist genau der bevorzugte Gegenstand des Poeten, des Romanschriftstellers, der Künstler insgesamt.

Da die Wissenschaft vom moralischen Leben und vom Charakter kaum aus dem Kindheitszustand herausgetreten ist, muß sie sich mit Bezug auf ihre Methode auf Beobachtung anstatt auf Erprobung beschränken. Der einzige Experimentierer ist in gewissem Maße der Dichter oder der Romanschriftsteller, der, wenn er lebendig genug zu kreieren weiß, uns Charaktere schauen läßt, die sich in einem neuen, nach seinem Willen verschiedenartig gestalteten Milieu entwickeln. Wenn die künstlerische Kreation genügend kraftvoll ist, erreicht sie einen Wert, der sie der wissenschaftlichen Erprobung nahebringt, obgleich sie dieser nie ganz entsprechen wird.

Weder in der Kunst noch im wirklichen Leben ist Schönheit nur eine reine Frage des Sinneseindrucks und der Form. Überall, wo sich ein Ausdruck findet, schafft er eine relative Schönheit, weil er Leben herstellt. Hingegen macht Formalismus aus der Kunst etwas durchaus Künstliches und folglich Totes. Sicherlich können „die Seltenheit der Elemente" und „der Glanz der Oberfläche" sehr schöne Qualitäten sein, aber wenn man daraus die ganze Kunst machen wollte, würden Literatur und Poesie nicht mehr sein als die Geschicklichkeit, Dekors herzustellen, wobei die Inszenierung das Leben übertreffen würde. Die Kunst muß grundgütig sein, das heißt, sie kann nichts Steifes, Gespanntes, Angeberisches an sich haben und muß zum Empfang aller Dinge des Lebens und aller Wesen der Natur bereit sein. Der wahre Künstler darf die Dinge nicht als Künstler sehen und fühlen sondern als soziabler und wohlwollender Mensch, wenn nicht das Handwerk durch langsames Töten seiner Gefühle das Leben, diesen soliden Kern aller Schönheit, aus seinen Werken vertreiben soll.

Einer der charakteristischen Fehler, zu denen sich derjenige verleiten läßt, der allzu ausschließlich für die Kunst lebt, liegt darin, daß er nurmehr dasjenige im Leben deutlich sieht und fühlt, was ihm am leichtesten durch die Kunst *darzustellen* erscheint, was sich unmittelbar in das Gebiet der Fiktion übertragen läßt. Allmählich gewinnt dann für ihn die Kunst den Vortritt vor dem wirklichen Leben und jedesmal, wenn er ergriffen ist, überträgt er seine Emotion auf den praktischen Endzweck, nämlich auf das Interesse an seiner Kunst. Er fühlt nicht mehr, um zu fühlen, sondern um seinen Sinneseindruck nutzbar zu machen und zu übertragen. Flaubert, der sich rühmte, ein Künstler bis ins innerste Mark zu sein, hat diesen Geisteszustand mit staunenswerter Präzision dargetan. Nach ihm ist der Mensch für die Kunst geboren, wenn die Zufälle der Welt im Augenblick ihrer Wahrnehmung für ihn eine Verwandlung erleiden, in ihm als eine zu beschreibende Illusion auftreten, so daß alle Dinge, auch die eigene Existenz keinen anderen Nutzen zu haben scheinen. Ganz im Gegensatz hierzu muß nach unserer Meinung ein so veranlagtes Wesen in der

Kunst scheitern, denn man muß an das Leben *glauben,* wenn man es in seiner ganzen Kraft wiedergeben will. Man muß durch und durch fühlen, was man fühlt, ehe man sich nach dem Warum fragt und seine eigene Existenz nützlich zu verwenden sucht. Es heißt doch an der Oberfläche der Dinge stehen bleiben, wenn man in ihnen nur *Eindrücke* sieht, die sich ergreifen und wiedergeben lassen; es heißt, die Natur mit einem Museum zu verwechseln und ihr im Notfall gar ein Museum vorzuziehen. Die große Kunst ist diejenige, welche die Natur und das Leben nicht als Illusionen sondern als Wirklichkeiten aufbereitet und aus ihnen nicht entnimmt, was die menschliche Kunst am besten wiedergeben kann, sondern das, was sie am schwierigsten übertragen kann, was einem Hinüberholen in ihr Gebiet die wenigsten Anhaltspunkte bietet. Man muß begreifen, um wieviel das Leben die Kunst überragt, um das höchste an Leben in die Kunst einzubringen.

II.

Der lebensvolle Kern der Kunst, der immer unter der Form durchscheinen muß, besteht zuerst aus *Ideen,* dann aus *Gefühlen* und *Willenskraft.*

Das Wort vermag nichts ohne die Idee, wie ja auch der bestgeschliffene Diamant nicht in völliger Dunkelheit leuchten kann: die Idee ist für das Wort das Licht. Selbst die Emotion und der Sinneseindruck brauchen die Idee, damit sie nicht banal und abgedroschen erscheinen. Die Gesamtheit menschlicher Eindrücke und einfacher Gefühle ist quer durch Zeit und Raum deutlich dieselbe. Wenn man mit einem genügend wachen Bewußtsein in einem von der Welt nicht gar zu abgeschlossenen Winkel dreißig Jahre lang gelebt hat, kann man damit rechnen, daß man keine von Grund aus neuen Eindrücke empfinden wird, sondern nur bis dahin unbemerkt gebliebene feine Unterschiede. Daher der Überdruß, in den sehr bald jeder verfällt, der das Leben als reiner Dilettant betrachtet, indem er darin nur Impressionen und Motive für ästhetische Wiedergaben, sozusagen Skizzen sucht.

Was sich für uns vermehrt, je tiefer wir in das Leben eindringen, ist viel weniger die große Masse der rohen *Eindrücke* als vielmehr die der Ideen, der Kenntnisse, die ihrerseits auf die Gefühle zurückwirken. Da die Wissenschaft bisher immer einer grenzenlosen Ausdehnung fähig gewesen ist, können wir durch sie dem menschlichen Werk etwas hinzuzufügen hoffen, können wir durch sie unsere Wißbegierde wachhalten und zu befriedigen hoffen und uns die Überzeugung verschaffen, daß wir nicht umsonst leben. Die Wissenschaft ist für den Verstand, was die Barmherzigkeit für das Herz ist. Sie verleiht das Empfinden, daß die individuelle Existenz und sogar die soziale Existenz nicht ein Auf-der-Stelletreten, sondern ein Aufsteigen ist. Ja, wir gehen noch weiter und sagen, daß die Liebe zur Wissenschaft und das philosophische Empfinden, wenn sie in die Kunst eingeführt werden, diese unaufhörlich verwandeln können. Denn wir sehen niemals mehr mit demselben Auge und fühlen mit demselben Herzen, als wenn unser Verstand ein offenerer geworden ist, wenn unser Wissen sich vergrößert hat und wir im geringsten individuellen Wesen mehr vom Universum erblicken. Gerade bei dem Zauber, den ein Kunstwerk ausübt, spielen Wissensdurst und der Reiz des Unbekannten eine große Rolle. Im embryonalen Zustand sah die Wissenschaft Wunderdinge nur in Sachen, die weit über die Fassungskraft hinausgingen. Gegenwärtig hingegen findet sie das Wunderbare auf Schritt und Tritt, bei jedem Ding. Der unkultivierte Mensch interessierte sich nur für das, was ihn aus seinem Milieu herausführte und ihn mit nichts an das erinnerte, was er zu sehen gewohnt war. Heute, wo wir bemerkt haben, daß unser Milieu einen doppelten Boden hat, interessieren wir uns für alles, vorausgesetzt, daß unsere geistige Vorstellung dabei auf ihre Rechnung kommt.

Außer der Darstellung von Ideen besteht eine weitere Aufgabe der Kunst in der Darstellung von Gefühlen. Während die Menschen und mit ihnen ihr Leben vergehen, bleibt das Gefühl, besser noch gesagt der Wille, weil im Keime jedes Gefühl ein Wille ist. Das Gefühl ist die umfassendste Resultante des individuellen Organismus und gleichzeitig das, was in diesem Organismus am wenigsten absterben wird: es ist der tiefgründigste Vordruck der lebendigen Wirklichkeit. Mancher von uns gibt sein Leben leicht für ein erhabenes Gefühl hin, weil es in ihm selbst weit wahrhaftiger erscheint als alle seine individuelle Existenz begleitenden Tatbestände. Alles verschwindet und verflüchtigt sich mit Recht vor diesem Gefühl.

Gefühle und Willenskräfte kommen in allen Handlungen und Vorkommnissen des Lebens zum Ausdruck. Es ist die Kunst des Gelehrten, des Historikers und auch des Künstlers, bedeutsame und ausdrucksvolle Sachverhalte zu entdecken, die in der konfusen Masse der Phänomene Sichtmarken hinterlassen, durch eine Linie verbunden werden können und ein System bilden. Wissenschaft und Geschichte beruhen in ihren wesentlichen Zügen auf einer kleinen Anzahl von sorgfältig ausgesuchten Tatsachen, die in der Wissenschaft rein objektive Gesetze zum Ausdruck bringen und in der Geschichte psychologische und menschliche. Die Kunst beruht auf weitaus weniger Tatsachen und es ist ihr Ziel, auf dem kleinsten Stückchen Raum oder in der kürzesten Spanne Zeit die denkbar größte Anzahl wesentlicher Sachverhalte anzuhäufen. In einem Drama, das vierundzwanzig Stunden dauert und sich in einem Zimmer von zehn Quadratmeter Größe abspielt, präsentieren sich oft mehr entscheidende Aktionen und Gedanken als in einem ganzen Menschenleben. Die Kunst ist also eine Verdichtung der Wirklichkeit und zeigt die menschliche Maschine immer unter einem höheren Druck. Sie strebt danach, noch mehr Leben zu zeigen als das von uns gelebte Leben schon enthält. Die Welt der Kunst ist stets von weitaus leuchtenderer Farbe als die des Lebens.

Gleichwohl ist die Kunst nicht nur ein Gesamt bedeutender Tatsachen sondern vor allem ein Gesamt suggestiver Mittel. Was sie sagt, rührt oft nicht von dem her, was sie nicht sagt, sondern von dem, was sie suggeriert, was sie fühlen läßt und worauf sie die Gedanken richtet. Es ist ihr Ziel, mitfühlende Emotionen zu erzeugen und nicht mittels bedeutsamer Sachverhalte bloße Objekte der Gefühle oder der Gedanken darzustellen. Sie muß Objekte der Zuneigung, d.h. *lebende* Sujets heraufbeschwören, mit denen wir in Beziehung treten können. Dabei bleibt es stets das letzte Ziel der Kunst, Sympathie und nicht Antipathie hervorzurufen, weil sie nur etwas Vorübergehendes, etwas Unvollständiges sein kann, das dazu ausersehen ist, Interesse durch Kontrast neu zu entfachen oder Gefühle von Mitleid für furcht- oder horrorerweckende Personen zu erzeugen. Aber da wir für kein lebendes Wesen absolute und endgültige Antipathie empfinden können, kommt es im Grunde genommen wenig darauf an, daß ein Wesen schön ist, vorausgesetzt daß man es mir sympathisch macht.

Die erste Bedingung für die Sympathie zu einer Person ist selbstverständlich, daß sie lebt. Denn das Leben, und wäre es das eines minderwertigen Wesens, interessiert uns immer einzig und allein dadurch, daß es eben Leben ist. Die zweite Bedingung ist, daß diese Person von Gefühlen beseelt ist, die wir begreifen können und in uns selbst kraftvoll vorhanden sind. Nur dann kann es vorkommen, daß eine angesichts ihrer Gefühle und Handlungen antipathische, jedoch von starkem inneren Leben erfüllte Person uns trotz unserer natürlichen Abneigung durch diese Intensität des Lebens für sich einnimmt. Umgekehrt kann die Sympathie, die wir für eine von unseren eigenen Gefühlen beherrschte Person haben, ihr in unseren Augen ein Leben verleihen, welches sie im Kunstwerk tatsächlich nicht besitzt, und unsere Bewunderung selbst dann antreiben, wenn der Künstler es nicht sehr wohl verstanden hat, Leben wiederzugeben.

Die in umfassender Weise sympathische Gestalt ist diejenige, die sich auf den menschlichen Lebenskern stützt und sich auf dieser unveränderlichen Basis zu jenen Gedanken erhebt, die die Menschheit nur in ihren Stunden des Enthusiasmus und Heroismus erreicht. Dieses Streben muß jedoch ein Aufschwung des Herzens und des Gefühls sein, nicht ein Spiel der Vernunft. Eine Person, die nur räsoniert, ohne zu fühlen, vermöchte uns nicht zu bewegen: wir würden deutlich sehen, daß ihre Überlegenheit auf nichts Tiefem und Organischem beruht, würden fühlen, daß sie ihre Gedanken nicht lebt. Und da wir wissen, daß das Bewußte keineswegs allein und oft oberflächlich ist, muß auch das Unbewußte zugegen sein und sich im Kunstwerk überall dort, wo es in der Wirklichkeit existiert, herausfühlen lassen, um den Eindruck des Lebens vermitteln zu können. Der Reiz populärer Erzählungen rührt vielleicht daher, daß die dort vorkommenden einfachen Menschen sich ihres Enthusiasmus oder ihres Heroismus keineswegs bewußt sind, kurz, sich wie in ihrem täglichen Leben spontan und aufrichtig verhalten. Alles, was rein künstliche Kombination und reiner Mechanismus ist, kommt einer Verneinung des Lebens, der Spontaneität und der Aufrichtigkeit gleich. Das Kunstwerk muß also das Anzeichen der Spontaneität in sich tragen und so auch das Genie, damit die von ihm geschaffenen Wesen die gleiche Spontaneität und Aufrichtigkeit enthalten. Dann wird übrigens auch das an sich Antipathische zum Teil wieder in etwas Sympathisches übergehen und zur lebenden Wahrheit werden. Schon daraus geht hervor, daß das Leben *Individualität* bedeutet, da man nur mit dem sympathisiert, was individuell ist oder zu sein scheint. Daraus ergibt sich für die Kunst die Notwendigkeit und auch die Schwierigkeit, ihren Kreationen den Stempel des Individuellen aufzudrücken. Allerdings wäre etwas nicht Typisches darstellendes Individuelles nicht imstande, ein dauerhaftes Interesse hervorzurufen. Die Kunst, die letzten Endes danach strebt, uns mit den von ihr dargestellten Individuen sympathisieren zu lassen, muß sich daher auch an die sozialen Seiten unseres Wesens wenden, muß uns auch die sozialen Seiten der Personen darstellen. Ist doch der Held in der Literatur vor allem ein soziales Wesen, denn gleich, ob er eine Gesellschaft verteidigt oder angreift, immer wird er uns durch seine Berührungspunkte mit der Gesellschaft am meisten interessieren.

Die großen von den Dramatikern und Romanschriftstellern ersten Ranges geschaffenen Typen sind zugleich äußerst *wirklich* und *symbolisch;* der Vereinigung dieser beiden Punkte verdanken sie ihre Bedeutung in der Literaturgeschichte. Wir kennen eine ganze Anzahl von unmittelbar dem Leben entnommenen Charakterstudien, die vollkommen wahr sind und doch niemals einen nennenswerten Einfluß in der Literatur ausüben werden, da sie nur von der Wirklichkeit losgelöste Fragmente sind, die nicht die geringste symbolische Bedeutung besitzen, nicht der lebendige Ausdruck irgendeiner universellen Idee und daher auch nicht einer weitausholenden Wirklichkeit sind. Es genügt nicht, uns ein Individuum zu schildern, sondern es muß eine wirklich markante Individualität geschildert werden, d.h. die in einem Wesen sich zeigende Konzentration der vorherrschenden Züge einer Epoche, eines Landes sowie schließlich einer ganzen Gruppe anderer Wesen. Shakespeares Personen sind gleichzeitig symbolisch und wirklich. Die Figur Hamlets zum Beispiel ist vor allem symbolisch und doch enthält sie genügend menschliche Realität, damit jeder von uns in ihr etwas von sich selbst wiederfinden kann. Dasselbe gilt für den Alceste Molières, für den Faust und den Werther Goethes, für den Balthasar Claëtz Balzacs: es sind Individuen, die zu *Typen* geworden sind. Übrigens sind unter diesen menschlichen Typen zwei Kategorien zu unterscheiden. Die einen sehr komplexen – wie die soeben genannten – wurzeln gleichzeitig im Intellektuellen und im Moralischen. Sie resümieren und systematisieren angesichts des Lebens und des Schicksals die philosophische Situation einer ganzen Epoche. Die anderen weitaus einseitigeren wurzeln nur im Moralischen und personifizieren Tugenden oder Laster, wie z.B. Shakespeares Othello oder Jago, Racines Phädra, Molières Harpagon oder Tartüff, Balzacs Grandet oder Père Goriot. Die ersteren, sozusagen die „philosophischen" Typen sind vielleicht von höherem Rang, wie alles, was komplexer ist.

Überdies ist noch von den sozialen Typen im eigentlichen Sinne zu sprechen, d.h. solchen, die den Menschen einer Epoche in einer gegebenen Gesellschaft repräsentieren. Entsprechend den Lebensbedingungen der menschlichen Gesellschaft kennen wir ewige Typen, die man selbst bei den primitivsten Gesellschaftsformen verwirklicht findet, und konventionelle, die man nur bei einer bestimmten Nation zu diesem oder jenem Zeitpunkt ihrer Geschichte antrifft. Das soziale Leben befindet sich nun mal unaufhörlich in Entwicklung, so daß wir niemals genau wissen, was die Menschheit morgen sein wird. Von dorther rührt denn auch die Schwierigkeit, feststehende Regeln in der Kunstbetrachtung aufzustellen.

Was das Gefühl von der reinen Idee unterscheidet, die nicht das Objekt der Kunst ist, ist die Tatsache, daß im Gefühl immer ein großer Teil Individualität gelegen ist. Das *Konkrete,* ohne das die Kunst rundweg nicht existieren kann, ist auch das *Besondere.* Der Stil ist der Mensch und dementsprechend das Individium selbst. Dem ist allerdings hinzuzufügen, daß der Stil gleichzeitig die im Individuum gegenwärtige Gesellschaft ist, die Summe der unmerklichen Modifikationen, die der Einfluß einer ganzen Epoche in das persönliche Gefühl hineinträgt.

Es gibt zweifellos auf dem Grund eines jeden Individuums wie einer jeden Epoche einen Kern von lebendigen Sinneseindrücken und spontanen Gefühlen, der anderen Individuen und Epochen gemeinsam ist. Dies ist der Boden, auf dem sich jede Existenz aufbaut, die Stelle und der Zeitpunkt, wo man aus sich selbst heraus fühlt, daß man zum Mitmenschen werden kann, wo man im eigenen Herzen den tiefen und unsterblichen Pulsschlag des Lebens begreift. Aber dieser Punkt, an dem das Individuum sich mit der Menschheit vermischt, ist nur eine Station des Gedankenlebens, und die Kunst kann nicht in ihm einzig und allein münden. Ihn zu erreichen, gelingt fast nur der lyrischen Poesie. Beachten wir wohl, daß die großen lyrischen Dichtungen, wie die Weda und die Bibel, viel weniger gealtert sind als die dramatische oder epische Poesie. Nichts vergeht schneller als die Beredsamkeit; denn jeder Redner hat etwas vom Schauspieler und Phrasendrescher, d.h. einen beträchtlichen Teil ephemerer Qualitäten. Die tiefe Wirkung der Eloquenz eines Redners reicht kaum über sein Jahrhundert oder das folgende hinaus. Wir sehen aus der Entfernung zu deutlich alle die Kunstgriffe der großen Redner, die uns nicht mehr mitreißen und entzücken können. Übrigens waren schon Platon und Sokrates von der Kurzlebigkeit dieses Genres überzeugt, da es in der Tat naturgemäß etwas Flüchtiges, Konventionelles und Hinfälliges enthält und nur für den Augenblick geschaffen ist.

Während das auf das Eigenwillige hinauslaufende Konventionelle eines der deutlichsten Zeichen des sozialen Fortschritts ist, trifft man das gänzlich Natürliche fast nur noch bei rein animalischen Gesellschaften an. Je mehr also ein Autor den komplexen Menschen unserer Gesellschaft schildern will, um so mehr muß er sich damit abfinden, daß sich dieses komplexe Wesen nach Verlauf weniger Jahre ändert und sich in dem vom Dichter geschaffenen Porträt nicht mehr wiedererkennt. Konventionen betreffen sowohl das soziale Leben selbst als auch das mit ihm in Verbindung stehende Leben der Kunst. Zum Beispiel gehörten die Konventionen, auf denen die klassische Kunst des 17. Jahrhunderts beruhte, gewissermaßen zu den Realitäten des Lebens von damals. Das Dasein unter der Regierung Ludwigs XIV. hatte etwas Allgemeines, Regelmäßiges und Kaltes angenommen, woher es rührt, daß die Kunst dieser Epoche selbst dort noch lebendige Modelle darstellte, wo wir Marionetten zu sehen glauben. Um diese Kunst zu verstehen, muß man sich in jene Epoche zurückversetzen, sich jenem gekünstelten sozialen Milieu anpassen und sich seines eigenen modernen Ichs entledigen. Ebenso entspricht die Roheit des Ausdrucks, welche die zeitgenössische Kunst charakterisiert, einem gewissen durch das Auftauchen positiver Kenntnisse hervorgerufenen sozialen Zustand, bei dem jeder auf dieses neugeborene Wissen so stolz ist, daß er sich damit brüstet und nach dem einschneidensten und ungestümsten Wort, nach der genauesten Definition und gleichzeitig nach der rücksichtslosesten Anschauung der Dinge strebt. Diese Grobheit beruht wie das Allgemeine und Unbestimmte der vorhergehenden Jahrhunderte auf Übereinkunft. Überdies macht sich in der Kunst wie in allen übrigen Manifestationen des sozialen Lebens das Emporkommen der Demokratie und neuer „sozialer Schichten" fühlbar. Weit davon entfernt abzunehmen, dürfte der bei den Menschen und in den Künsten vorhandene Teil an Konvention immer mehr zunehmen, vor allem bei denjenigen, die mehr oder weniger irrational denken. Ebenso wie für die Kleidung wird es auch für den Stil, diese „Bekleidung des Gedankens", stets Moden geben, wobei wir natürlich auch mehr oder minder absurde Moden kennen, wie z.B. die Perücken der Zeit Ludwigs XIV. oder die Ringe in der Nase der Wilden. Die Menschen können sich von diesen lächerlichen Moden ebenso freimachen, wie sie sich von gewissen Künsteleien des Stils befreien können und die Konvention aus Formen bestehen lassen, die sich weniger von der einfachen Sprache, d.h. vom spontanen und fast unwillkürlichen Kennzeichen des Gedankens entfernen. Es läßt sich ein außerordentlicher Reichtum im Ausdruck erdenken, wenn man ohne sich allzusehr von der einfachen Wahrheit zu entfernen an die Findigkeit des Stils hält. Schließlich hat der Künstler, dem es gelungen ist, einen Augenblick auch nur einer einzelnen Person zu gefallen, nicht völlig seinen Zweck verfehlt, da er dann eben eine Form des Lebens dargestellt hat, die fähig ist, bei einem lebenden Wesen ein sympathisches Echo zu finden. Schwieriger ist es jedoch, einer großen Anzahl von Menschen zu gefallen, d.h. zu einer tieferen und dauerhafteren Form des Lebens vorzudringen, und noch schwieriger ist es, vor allem den Besten unter den Lebewesen zu gefallen.

Für die Kunst liegt das Mittel, dem Flüchtigen im Konventionellen zu entgehen, in der *Spontaneität des individuellen Gefühls,* und zwar selbst dann, wenn dieses Gefühl sich unter der Wirkung bedächtigster und unpersönlichster Gedanken entwickelt. Der allgemeine Fortschritt des menschlichen Gedankens und auch der menschlichen Kunst bewegt sich in Richtung eines regen, mit immer komplexeren und philosophischeren Ideen eng verbundenen Gefühls.

Fünftes Kapitel

Der Realismus – Entledigung vom „Trivialismus"

I. Idealismus und Realismus

Die wahre Kunst ist unserer Meinung nach diejenige, die uns das unmittelbare Gefühl intensivsten, mitteilsamsten und im höchsten Grad individuellen und sozialen Lebens gibt. Von dorther rührt ihre wahre, tiefe, entscheidende Moralität, die übrigens nichts mit der einer moralischen Abhandlung oder eines Katechismus gemein hat.

Die verschiedenen Formen der Ästhetik entsprechen verschiedenen Neigungen unserer Natur, von denen man weder die eine noch die andere opfern kann. Für sich genommen, ist in Literatur und Philosophie weder der Realismus noch der Idealismus als das Richtige und Wahre anzusehen. Beide drücken eine Seite des menschlichen Lebens aus, können bei vielen Menschen beherrschend werden und mehr oder weniger exklusiv gewisse Kunstwerke beseelen. Auf der Mailänder Kathedrale sieht man unter den elftausend Statuen seraphische Gestalten neben Gorgonenhäuptern, so daß in dieser aus Gebilden der Kunst zusammengesetzten Gesellschaft Engel und Ungeheuer ihren Platz gefunden haben. Im Sonnenlicht erscheinen sie dem Vorübergehenden wie lebende Wesen. Und so ergeht es auch den von idealistischen und realistischen Schriftstellern unterschiedlich schön skizzierten Typen. Ist doch das Leben das einzige Prinzip und wahre Maß der Schönheit. Zwar wird das niedere, das vegetative oder tierische Leben weniger schön sein als das höhere, das moralische oder intellektuelle, aber in erster Linie kommt es darauf an, daß überhaupt Leben geäußert wird. Es ist mehr wert, vor unseren Augen ein Monstrum aufleben zu lassen als ein totes Abbild des Ideals darzustellen, eine Komposition aus Linien, die ebenso abstrakt ist wie die eines Dreiecks oder eines Sechsecks. Ein in der Kunst eigenwillig geäußerter Materialismus kann ein Zeichen von Unvermögen sein. Doch ein zu vager und konventioneller Idealismus ist noch schlimmer als Unvermögen: er bedeutet Stillstand auf halbem Wege, Irregeleitetsein, Sinnwidrigkeit, einen ausgemachten Verrat an der Schönheit!

Das Schöne ist niemals schlechthin das Einfache gewesen sondern eher das vereinfachte Komplexe. Es hat immer aus irgendeinem leuchtenden Vordruck bestanden, der unter vertrauten und tiefen Ausdrücken sehr verschiedenartige Gedankengänge oder Bilder umhüllte. Es war also fehlerhaft, daß der Idealismus der minderen klassischen Schriftsteller das Schöne aus einer beschränkten Anzahl von Ideen, der Starrheit der Linien, aus übertriebener Symmetrie und Veränderung der Kurven und Windungen der Natur zusammengesetzt hat.

Zweifellos ist der Künstler Zeuge der Natur, und die erste Pflicht eines Zeugen ist Wahrhaftigkeit. Nur darf sich der Künstler nicht damit begnügen, nur die nackte Tatsache wahrzunehmen und zu berichten und die Erscheinung aus der Gruppe, mit der sie verwachsen ist, loszulösen. Er muß uns immer die Ursache durch eine Folge abstrakter Vernunftschlüsse entdecken, zumindest aber *fühlen* lassen. Der Künstler ist um so größer, je mehr er uns hinter jedem Wort und jedem Gegenstand ahnen läßt. Das wirkliche Leben hat sowohl eine poetische als auch eine mechanische Seite, der wir allerdings wenig Aufmerksamkeit schenken. Jedes Ding oder jede Handlung hat notwendigerweise zwei Seiten. Während die poetische in ihrer Beweglichkeit die Illusion des Lebens erhellt, d.h. den Ausdruck, die Poesie und den Nutzen der Dinge, wodurch wir Wahrheiten erkennen, hat die mechanische und folglich immer gleiche Seite nichts Anziehendes aufzuweisen, vor allem nichts, was unsere Aufmerksamkeit fesselt. Sie ist eine Notwendigkeit und nichts weiter, und einmal erkannt, ist sie auch sozusagen erledigt. Darum zeige man uns lieber das Wechselnde und Neue des Lebens, alles das, was sich abhebt, sich bewegt und wahrlich leben läßt.

Eine vordringliche Voraussetzung für den Künstler ist die Gabe, *sehen* zu können, wobei der persönliche Standpunkt, von dem aus die Dinge gesehen werden, beziehungsweise der Winkel, unter dem die sichtbare Welt in Erscheinung tritt, eine große Rolle spielt. Indes aber auch die Erkenntnis des sich mit dem Sichtbaren vermischenden Unsichtbaren. Was mich an jedem Wesen am meisten fesselt, ist dasjenige, was den Augenblick des Erfassens überdauert, was mich darüber hinaus mit ihm innerlich verknüpft und in sein eigentliches Leben einführt. Große Kunst besteht daraus, *den Geist der Dinge* zu erfassen und wiederzugeben, d.h. das, was das Individuum mit dem Weltall und jedes Teilchen Zeit mit der großen nie endenden Ewigkeitsdauer verbindet.

Das Kunstwerk besteht also weniger aus der genauen Wiedergabe jenes vor unseren Augen spukenden Gemischs von Bildern als vielmehr aus der Perspektive, die man in diese Bilder einbringt. Künstler sein heißt gemäß einer Perspektive sehen, einen inneren und eigentümlichen perspektivischen Mittelpunkt sein eigen nennen, d.h., bei der Wahrnehmung der Dinge über den Gesichtspunkt des ersten besten hinausgehen zu können. Es ist davon auszugehen, daß der wesensmäßige perspektivische Mittelpunkt für jeden Menschen sein *Ich,* eine Folge von Bewußtseinszuständen ist. Und ein Objekt sehen, bedeutet, dessen Bild einem System von Assoziationen einzuverleiben, es in einen Wirbel von Vorstellungen und Ideen hineinzuziehen. Dieser innere Wirbel ist das eigentliche Ich des Künstlers, und erweist er sich als genügend stark, als genügend umfassend und leuchtend, wird alles, was sich in ihn hineingezogen fühlt, von Bewegung und Licht durchdrungen sein. Bei dieser inneren Gravitation nimmt jeder Gegenstand entsprechend dem Reichtum des Ideensystems einen unterschiedlichen Platz ein. Die Welt oder die Menschen in ästhetischer Weise darstellen heißt also nicht, sie passiv aufs Geratewohl nach dem Eindruck wiedergeben, sondern sie in Beziehung zu einem festen Endpunkt zu koordinieren, der das wesensmäßige Ich des Autors, der möglichst vollständige Abriß der Welt und der Menschheit sein muß. Wenn das Ich des Autors aus einer außerordentlichen, jedoch nicht genügend systematischen Gedankengruppierung hervorgegangen ist, wenn es schließlich nichts von einem vollständigen „Mikrokosmos" hat, wird seine Kunst zwar in Erstaunen versetzen können, doch schnell vergänglich sein. Denn das Erstaunliche erhält sich auf die Dauer nur, wenn es zum Denken anregt, d.h., wenn es eine lange Folge zusammenhängenden Nachdenkens bewirkt sowie auf eine allgemeine, mehr oder weniger synthetische Auffassung hinausläuft. Das bezaubernde am Erstaunlichen ist nicht etwas Neues um jeden Preis, sondern das Neue des *Wahren.* Um dieses wahrzunehmen, bedarf es allerdings eines mehr oder weniger synthetischen, ausgeglichenen Geistes, der durchaus originell erscheint: nicht weil er etwas Unvollständiges und Anormales vorstellt, sondern weil er viel vollständiger, viel mehr in Harmonie mit der tiefgründigen Wirklichkeit ist und infolgedessen fähig, sie uns in allen ihren Aspekten zu enthüllen.

In einigen italienischen Museen stehen antike Statuen auf besonderen Sockeln, die der Aufseher drehen kann, um sie auf diese Weise von verschiedenen Seiten zu zeigen, wodurch abwechselnd diese oder jene Teile ins Licht, andere in den Schatten treten. Genau so verfährt die Kunst gegenüber der Wirklichkeit. Wenn es möglich wäre, ein Objekt und die uns durch die Kunst davon gelieferte Darstellung übereinanderzulegen, um zu sehen, ob sie sich völlig gleichen, würde man bemerken, daß sie sich immer nach irgendeiner Seite hin voneinander unterscheiden. Denn wären Objekt und Darstellung identisch, würden sie sich mathematisch genau decken, gäbe es keine Kunst. Aber auch wenn sie voneinander so völlig verschieden wären, daß sie sich in keiner irgendwie gearteten Weise zusammenführen ließen, würde die Kunst scheitern. Die beiden Bilder müssen wenigstens in allen wesentlichen Punkten übereinstimmen, wenn auch die Darstellung des Künstlers anders angelegt sein muß. Es ist das Bestreben und auch die Klippe des Realismus, das qualitative durch ein quantitatives Ideal, die ausreichende und wohlgeordnete Schönheit durch das Übermäßige zu ersetzen. Das jedoch ist ein falscher Realismus, weil in der Wirklichkeit Quantität und Intensität nicht alles sind: im Wirklichen spielt auch die Qualität eine große Rolle.

Wir leugnen keineswegs, daß das Streben nach Intensität in der Kunst berechtigt ist; denn ohne Intensität wäre die Wahrhaftigkeit der Bilder tatsächlich recht gering. Der Künstler, der uns in eine wirkliche Welt führt, muß sich so sehr um Übereinstimmung mit der Welt bemühen, weil die Bilder, die uns seine Phantasie liefern, ihre Intensität verlieren würden, sobald sie sich in offenem Widerspruch mit dem Möglichen befänden. Das Unwahre muß allein schon deshalb von der Kunst ausgeschlossen werden, weil es uns antipathisch ist und uns hindert, unter dem Einfluß der durch den Künstler vermittelten Emotionen nachdrücklich zu reagieren: das Unwahrscheinliche macht uns mehr oder weniger unempfindlich. Jedem toten Punkt in dem Typus, den uns z.B. ein Romanschriftsteller schildert, entspricht ein toter Punkt in unserem Empfindungsvermögen. Es kann dann keine Gefühlsverbindung zustandekommen. Trotz ihrer Unähnlichkeit mit allen uns bekannten Bildern können manche Künstler in uns genügend starke Vorstellungen erwecken, um unmittelbar überzeugend zu wirken und wirklich zu erscheinen. Es handelt sich hier um eine auf Erzeugung von Halluzinationen beruhende Kunst, die geeignet ist, bei Kindern, naiven Völkern oder auch überreizten Phantasien Gefallen zu finden. Der wahre Realismus oder, besser gesagt, die Aufrichtigkeit in der Kunst muß in dem Maße wachsen, in dem beim Publikum die Fähigkeit zunimmt, nachzudenken, zu urteilen, schließlich den Zusammenhang und die Verkettung der gegebenen Bilder zu prüfen. Zweifellos steht es dem Künstler frei zu lügen, solange es unbemerkt bleibt. Heute jedoch, wo bei jedem Leser der kritische Geist erweckt wird, kommt die Lüge sehr bald zum Vorschein und raubt den heraufbeschworenen Vorstellungen ihre Kraft. Heute ist das Erdichtete nur dann geduldet, wenn es symbolische Bedeutung hat, d.h., wenn es der Ausdruck einer wahren Idee ist. Was die Wahrheit dann an Form zu verlieren scheint, gewinnt sie an Inhalt. Zwar läßt sich durch ein wenig Verfälschung die Kraft der Bilder mindern, doch geht dadurch der Glaube an die von ihnen ausgedrückten Gedanken nicht notwendigerweise verloren. Denn wenn eindringlich sehen glauben heißt, läßt sich umgekehrt auch sagen, daß eindringlich glauben fast sehen heißt.

Die Kraft des Idealismus in der Literatur ist dadurch bedingt, daß er sich nicht auf ein künstliches Ideal sondern auf irgendein heftiges und andauerndes Bestreben unseres Wesens stützt. Was den Realismus betrifft, so besteht sein Verdienst darin, daß er durch die Suche nach Intensität einen Eindruck größerer Wirklichkeit von Leben und Aufrichtigkeit hervorruft. Leben heißt handeln, sich wiedergeben, sich ausdrücken, das Innere und Äußere seiner selbst in harmonische Verbindung bringen. Das Leben lügt nicht und daher ist jede Unwahrheit gleichsam eine flüchtige, ins Leben hineingetragene Störung. Um Leben darzutun, müssen Schriftsteller und Künstler vor allem aufrichtig sein, sich selbst ganz und gar zum Ausdruck bringen, nichts von ihrem inneren Leben zurückhalten; sie müssen sich sozusagen der gleichgültigen Menge aufopfern. Die Aufrichtigkeit ihrer Emotionen muß sich in ihren Werken wiederfinden, und um das Unzulängliche in der Darstellung des Wirklichen auszugleichen, sind sie gezwungen, die Intensität dieser Darstellung in einem Maße zu steigern, daß sie wahrscheinlich erscheint. Allerdings gilt es sich davor zu hüten, Mittel und Zweck zu verwechseln und der Kunst als Ziel ein quantitatives Ideal zuzuschreiben.

Im Bereich der Qualität lassen sich bei der Kunst zwei Tendenzen feststellen. Die eine Richtung führt den Künstler auf die Harmonien, auf Zusammenklang, kurz auf alles hin, was den Augen und Ohren gefällt. Die andere führt darauf hin, in das Gebiet der Kunst das Leben in allen seinen Aspekten, mit seinen entgegengesetzten Eigenschaften, seinen Reibungen und Dissonanzen zu übertragen. Um über die Rolle der Dissonanzen und Häßlichkeiten in der Kunst zu urteilen, darf man sie nicht nur als reine Sinneseindrücke ansehen, sondern als Gefühlsgrundsätze und Ausdrucksmittel. In der modernen Musik erklärt sich die tiefe Wirkung der Dissonanzen hinlänglich nur durch ihren expressiven Wert. Der Schmerz und alle jene komplexen Emotionen, die sozusagen das Halbdunkel der Freude bilden, können nicht durch Wohlklang oder regelmäßige und einfache Rhythmen zum Ausdruck gebracht werden. Das Leben ist ein Kampf mit zahllosen Wechselfällen, mit Kränkungen und Zusammenstößen. Das Bewußtsein vom Leben hat gleichsam als notwendigen Zusatz das Bewußtsein von besiegten Widerständen. Auch Häßlichkeiten sind nur eine äußere Form der Miseren und der mit dem Leben verbundenen Beschränkungen. Das in jeder Beziehung Vollkommene kann uns nur wenig interessieren, weil es nicht lebendig ist und durch kein Band mit uns in Verbindung steht. Das Leben, so wie wir es in seinem direkten und indirekten Zusammenhang mit zahllosen Leiden und Beschwerden kennen, schließt das Vollkommene und Absolute aus. Die moderne Kunst muß sich daher auf der Vorstellung des Unvollkommenen gründen, so wie die moderne Physik auf der des Relativen.

Der Fortschritt der Kunst läßt sich zum Teil an dem mitfühlenden Interesse messen, das sie den elenden Seiten des Lebens, den niedrigsten Wesen, den Niedrigkeiten und Mißbildungen entgegenbringt. Wir haben es hier mit einer Ausdehnung der ästhetischen Soziabilität zu tun. In dieser Beziehung folgt die Kunst notwendigerweise der Entwicklung der Wissenschaft, für die es nichts Belangloses gibt und daher ihre Gesetze auf alles Natürliche erstreckt. Die ersten Gedichte und Romane haben Abenteuer von Göttern und Königen erzählt und der Held eines jeden Dramas mußte damals unbedingt um Haupteslänge die anderen Menschen überragen. Heute begreifen wir, daß es eine andere Art der Größe gibt, nämlich bis ins Tiefste Mensch zu sein, auch wenn es sich dabei um das bescheidenste Wesen handeln sollte. Dementsprechend läßt sich die Einführung des Häßlichen in das realistische Kunstwerk in erster Linie nur aus moralischen und sozialen Gründen erklären und auch bestimmen. Diejenigen, die glauben, die realistischen Tendenzen der Darstellung von Mangelhaftigkeiten und Fehlern lasse sich zu einem allgemeingültigen Prinzip erheben, sollten indes nicht übersehen, daß es schon viel sein wird, wenn unter tausend dieser Art Kunstwerke ein einziges gelungen sein wird, d.h. würdig ist, zu leben und betrachtet zu werden. Die neunhundertneunundneunzig gescheiterten Versuche, die auf ein Meisterwerk folgen, könnten gemäß der realistischen Methode einfach mittelmäßig und farblos sein. Sicherlich kann das Häßliche von der Hand des Genies verklärt werden, aber ein Streben nach Häßlichem oder selbst die Duldung des Häßlichen tötet das einfache Talent.

Man hat oft gesagt, daß die Kunst, als sie mehr und mehr realistisch wurde, sich stärker *versinnlichen* würde. Doch das stimmt nicht ganz. Denn wohlverstandener Realismus sucht nicht durch einen unmittelbar angenehmen Sinneseindruck auf uns zu wirken sondern durch das Erwecken sympathischer Gefühle. Er ist zweifellos weniger abstrakt und versetzt unser Inneres in Schwingungen. Aber gerade deshalb läßt sich sagen, daß er weniger sinnlich ist und weniger den reinen Genuß an Sinneseindrücken erstrebt. Der Anteil des Sinnlichen und des Physischen im Kunstwerk ist in der Tat eine heikle und schwierige Frage. Es gibt nun mal keine zwei Arten von Wirklichkeiten, von denen die eine physischer und die andere mentaler Art ist. Dennoch wird in jeder literarischen Kunst, die ohne Vermittlung von Formen und Farben direkt auf den Geist wirkt, die Sympathie viel unmittelbarer durch die Schilderung der moralischen Emotion erweckt als durch die ihrer physiologischen Kennzeichen. Es ist das Ziel eines jeden Schriftstellers, beim Leser das *Gesamt* der Emotion zu erzeugen, und zwar durch Beschreibung einer möglichst kleinen Anzahl äußerer oder innerer Symptome dieser Emotion. Allerdings werden von diesen Symptomen nicht immer die am meisten ins Auge stechenden sondern die am meisten ansteckend wirkenden gewählt werden, zumal die mitfühlende Emotion des Lesers immer im umgekehrten Verhältnis zu dem von ihm geforderten Aufmerksamkeitsaufwand steht. Die Wahl der Symptome der Emotion zeichnet die Kunst des Schriftstellers aus; sie können ohne Unterschied dem physiologischen oder psychologischen Feld entnommen werden.

Der Schriftsteller darf jedoch nicht übersehen, daß wir uns ein physiologisches Symptom eines Geisteszustands weder vollkommen vorstellen noch nachempfinden können, wenn wir nicht schon für diesen Zustand prädisponiert sind. Es ist zum Beispiel viel einfacher, die Emotion der Furcht zu erwecken, indem man sie mit Hilfe moralischer Begriffe umschreibt, als wenn man uns den Eindruck höchster Beklemmung darstellt, die wir uns nur mit Mühe werden vorstellen können, falls wir nicht schon das Furchtgefühl selbst erfahren haben. Der für den Geist zu durchlaufende Weg von einem äußeren Kennzeichen zu dem ihm indirekt entsprechenden inneren Zustand erfordert einen solch hohen Aufwand an Aufmerksamkeit, daß dadurch die nervliche Ansteckung gehemmt wird. Daher wird der innere Schmerz eines Helden uns mehr bewegen, wenn man ihn ins Psychologische überträgt, als wenn man sich begnügt, uns zu sagen: „Er brach in Schluchzen aus." Sicherlich gibt es nichts ansteckenderes als Tränen, vorausgesetzt daß man schon bis zu einem gewissen Grad für eine traurige Stimmung empfänglich ist. Zwar sind Tränen die letzte Folge der Emotion, doch diese allein kann sie nicht erzeugen, wenn man nicht die Reihe von Ursachen ahnt, die sie herbeigeführt haben. Daher ist es ohne theoretischen Wert, wenn Zola durch den Mund seines typischen Romanschriftstellers sagen läßt: „Studiert den Menschen so wie er ist und nicht die metaphysische Drahtpuppe; studiert den physiologischen Menschen, den vom Milieu bestimmten Menschen, der unter der Wirkung des Zusammenspiels aller seiner Organe handelt." Zola scheint zu vergessen, daß sich die Gesamtsumme der Funktionen des menschlichen Mechanismus im *Bewußtsein* befindet, nicht anderswo, und daß der Romanschriftsteller im Gegensatz zum Bildhauer oder Maler stets den *Bewußtseinszustand* als wesentlichen und fast einzigen Gegenstand seines Studiums ansehen muß. Zu sagen, die Romanschriftsteller haben sich bisher der Metaphysik hingegeben und wollen nunmehr Physiologie betreiben, ist wahrlich unsinnig. Nein, der Romanschriftsteller hat zum Gegenstand seiner künstlerischen Arbeit immer wenn nicht das Gehirn, so doch mindestens das Herz genommen, d.h. das Gesamt der menschlichen Emotionen und Gefühle. Ob er will oder nicht, wird der Romanschriftsteller stets ein Psychologe sein. Es kommt nur darauf an, ob er eine vollständige oder unvollständige Psychologie betreibt, ob er das menschliche Herz verkleinert oder in natürlicher Größe sieht. Sein ureigenes Gebiet ist die Emotion, wobei er sich diese oder jene Art von Emotion auswählen kann, die ihn sympathischer berührt und die er kraftvoller wiederzugeben vermag. Es gibt und wird in der Kunst immer Herkömmliches geben. Man wird es hinnehmen müssen. Die einfache Novelle wie der Roman verbergen die Vorstellung, daß sich der Genius mit der Torheit trifft, wenn der Künstler die Unvollkommenheit seines Werkes fühlt und sich darauf versteift, es angesichts eines unnachahmlichen Vorbildes zu vervollständigen. Es gibt nun mal eine Grenze, wo die Kunst zur Faselei wird, und das ist immer der Fall, wenn die Kunst auf der buchstäblichen Wiedergabe der Wirklichkeit besteht.

II.
Der Unterschied zwischen Realismus und „Trivialismus“

Richtig verstandener Realismus ist das Gegenteil von dem, was man „Trivialismus“ nennen könnte: er entlehnt den Darstellungen des gewohnten Lebens die deutliche Kraft ihrer Umrisse und entäußert sich vulgärer, ermüdender und bisweilen abstoßender Assoziationen. Da wahrer Realismus das Reale vom Trivialen zu trennen hat, repräsentiert er ein sonderlich schwieriges Feld in der Kunst. Handelt es sich doch um nichts geringeres als um das Auffinden der Poesie von Dingen, die uns als die am wenigsten poetischen erscheinen, und zwar einfach, weil bei ihnen die ästhetische Emotion durch Gewohnheit verbraucht ist. Es gilt, verblaßten Eindrücken ihre Frische wiederzugeben; Neues im Alten (beispielsweise im täglichen Leben) zu finden; aus dem Gewohnheitsmäßigen das Unvorhergesehene herauszulocken. Hierzu ist es notwendig, das Wirkliche zu ergründen, durch die Oberflächen zu dringen, an denen unser Blick meistens haften bleibt, und den undeutlichen Schleier zu lüften oder zu zerreißen, der unsere alltäglichen Assoziationen verhüllt. Überdies ist die realistische Kunst viel schwieriger als die Phantastische, denn phantastische Bilder können uns durch allerlei zufälliges Zusammentreffen (beispielsweise in Träumen) entzücken, während für denjenigen, der das Gebiet des Wirklichen nicht verläßt, Poesie und Schönheit kein glückliches Zusammentreffen sondern eine planmäßig verfolgte Entdeckung, eine Organisation von durcheinandergewürfelten Ergebnissen der Erfahrung ist.

III.
Von den Mitteln der Entledigung vom Trivialen

1. Der Rückgriff auf Ereignisse in der Vergangenheit

Es gibt eine Anzahl von Mitteln, dem Trivialen zu entgehen und die Wirklichkeit für uns zu verschönern ohne sie zu verfälschen. Sie schaffen eine Art von Idealismus, der der Natürlichkeit selbst zur Verfügung steht und bestehen vor allem daraus, die Dinge oder die Ereignisse zeitlich oder räumlich von uns abzurücken, um somit die Sphäre unserer Gefühle der Sympathie und Soziabilität soweit auszudehnen, daß sie unseren Horizont erweitern.

Was die durch zeitlichen Abstand hervorgebrachte Wirkung betrifft, so erhebt sich zuvor eine Frage, die sich an die ästhetische Wirkung der Erinnerung wendet, zumal wenn wir die Erinnerung als eine Form der Sympathie ansehen, und zwar der Sympathie mit sich selbst, der Sympathie des gegenwärtigen Ich für das Vergangene. Die Kunst muß die Erinnerung nachbilden. Unter möglichst sparsamer Verwendung ihrer Kräfte muß sie wie die Erinnerung Vorstellungskraft und Empfindungsvermögen zu verwerten suchen. Im Grunde genommen läuft die Poesie der Kunst zum Teil auf das hinaus, was man „die Poesie der Erinnerung" genannt hat; denn die künstlerische Phantasie schöpft stets aus der Ansammlung von Bildern, die uns das Gedächtnis liefert. Es muß also in der Erinnerung selbst irgendein künstlerisches Element gelegen sein. In der Tat zeigt schon die Erinnerung allein alle die Charakterzüge, die jede ästhetische Emotion auszeichnen. Sie ist ein Spiel der Vorstellungskraft, und zwar, gerade weil ihr Objekt die Vergangenheit ist, ein ganz uneigennütziges Spiel, d.h. etwas, das nicht mehr da sein kann. Außerdem ist die Erinnerung die umgänglichste aller Vorstellungen, diejenige, die am wenigsten Anstrengung benötigt. Überdies erscheinen vergangene Emotionen vor uns undeutlich und verschwommen, sozusagen aus der Ferne kommend, und sind somit mal schwächer, mal stärker. Ungenau wie sie sind, erfreuen wir uns ihnen gegenüber einer größeren Freiheit, können sie leichter abändern und retuschieren, können leichter mit ihnen spielen. Schließlich, und dies ist ein wichtiger

Punkt, verändert und verwandelt die Erinnerung die Dinge und diese Umgestaltung vollzieht sich im allgemeinen in ästhetischer Richtung. Die Zeit wirkt meistens auf die Dinge wie ein Künstler, der, obwohl er scheinbar Treue walten läßt, alles magisch verschönert.

Wissenschaftlich läßt sich das Vorgehen des Gedächtnisses etwa so erklären, daß in unserem Geist eine Art von Kampf ums Dasein zwischen allen unseren Eindrücken entsteht. Diejenigen, die uns nicht besonders stark getroffen haben, werden aus der Erinnerung gestrichen und nur die kräftigen bleiben auf die Dauer erhalten. In einer von einem kleinen Wald am Ufer eines Flusses gebildeten Landschaft werden wir alles Beiwerk vergessen, alles, was nicht charakteristisch war, was nicht nachdrücklich oder suggestiv wirkte. In unserem Gedächtnis wird nur verbleiben, was eine lebhafte Spur in uns zurückgelassen hat, darunter die Frische der Luft, die Weichheit des Grases, die Farben der Blätter, die Windungen des Baches usw. Die ganze auf flüchtige Nebeneindrücke verstreute Kraft wird sich konzentrieren und ein eindeutigeres Bild hervorrufen, dem wir uns nicht nur gänzlich zuwenden werden können, sondern das auch einen weit ästhetischeren Charakter aufweisen wird. Im allgemeinen beeinträchtigt jede indifferente Wahrnehmung, jedes unnütze Detail die ästhetische Emotion, so daß die Beseitigung des Indifferenten der Erinnerung erlaubt, die Emotion zu steigern. Außerdem neigt die Erinnerung dazu, alles Peinliche entweichen zu lassen, um nur das Angenehme oder das wahrlich Schmerzliche zu bewahren. Es ist eine bekannte Tatsache, daß die Zeit große Leiden lindert und die kleinen Leiden, alles, was das Leben behinderte, ohne es aufzuhalten, gänzlich verschwinden läßt. Zwar läßt man das alles hinter sich, aber dennoch dringen Nichtigkeiten in unsere angenehmsten Gefühle ein. Sie waren eben etwas Bitteres, das sich verflüchtigt, anstatt auf dem Grund des Bechers zu bleiben, sobald er ausgetrunken war. Alles was grau, trübe und farblos war (womöglich der größte Teil des Daseins), zerstreut sich wie ein Nebel, der uns die Lichtseiten der Dinge verborgen hatte, und wir sehen allein die seltenen Augenblicke auftauchen, die das Leben lebenswert machen. Diese Freuden scheinen zusammen mit den sie ausgleichenden Schmerzen die ganze Vergangenheit auszufüllen, während in Wirklichkeit das Gewebe unseres Lebens viel indifferenter und neutraler gewesen ist: weder besonders angenehm noch besonders schmerzvoll, kurz – ohne großen ästhetischen Wert.

Unsere Vergangenheit ist wie ein Schnee, der langsam in uns niederfällt und sich kristallisiert. Sie bringt Lichter und Wahngebilde vor unsere Augen, endlose und köstliche Perspektiven sowie Verlockungen, die nur neue Illusionen sind. Unsere vergangenen Leidenschaften sind nur noch ein Schauspiel und unser Leben erscheint uns wie ein halb lebloses, halb lebendiges Bild. Die einzigen Emotionen, die noch unter diesem Schnee leben oder bereit sind, wieder aufzuleben sind diejenigen, die einstmals tiefgründig gewesen sind. Die Erinnerung ist also so etwas wie eine auf unsere Emotionen ausgerichtete Beurteilung, indem sie die schwächsten dem Vergessen anheimfallen läßt. Erst nach geraumer Zeit beurteilt man wohl einigermaßen den Wert dieses oder jenes ästhetischen Eindrucks, der durch die Lektüre eines Romans, die Betrachtung eines Kunstwerks oder einer schönen Landschaft nach vorne getreten ist. Jeder Eindruck, der außer Intensität nicht auch noch über einen gewissen Grad an innerer Organisation und Harmonie verfügt, trübt sich und löst sich auf. Was hingegen lebensfähig war, bleibt lebendig und was schön oder erhaben war, prägt sich uns mit stetig wachsender Kraft ein.

Gewöhnlich finden sich verschiedene Abschnitte unseres Lebens von dieser oder jener Empfindung beherrscht, die ihnen einen hervorstechenden Charakter verleihen. Unsere inneren Erlebnisse gruppieren sich um Haupteindrücke und Hauptideen, die sich zu einer Gesamtheit verbinden. Beim Schriftsteller wird sich im Werk diese oder jene Epoche seines Lebens bemerkbar machen, die er zur Zeit der Kreation durchlebte, während der Musiker in seinem Inneren nur eine Reihe von Melodien erklingen zu lassen braucht, um die Erinnerung an diese oder jene Periode seines Daseins zu erwecken. Und was den Maler betrifft, so sieht er seine Vergangenheit quer durch Farben, Formen, Sonnenuntergänge, Sonnenaufgänge und Schattierungen. Auf diese Weise entstehen innere Mittelpunkte einer ästhetischen Perspektive. So läßt sich sagen, daß das solideste Fundament für die Arbeit des Künstlers die Erinnerung ist, und zwar die Erinnerung an das, was er als Mensch empfunden oder gesehen hat, bevor er zum professionellen Künstler wurde. Während Eindrücke und Gefühle eines Tages durch das Handwerk verändert werden können, behält die Erinnerung an die Emotionen der Jugend ihre ganze Frische. Mit diesen nicht zerstörbaren Materialien stellt der Künstler seine schönsten, seine erlebten Werke her. Diderot hat irgendwo geschrieben: „Will der Künstler mich zum Weinen bringen, darf er nicht selbst weinen!", worauf mit Recht geantwortet wurde: „Aber er muß geweint haben", sein Ton muß das Echo erlebter und verschwundener Stimmungen bewahren.

Die klassische Schule hat sehr wohl die ästhetische Wirkung des zeitlichen Abstands gekannt. Aber ihr Vorgehen bestand darin, daß sie die Ereignisse in eine *abstrakte* Vergangenheit zurückversetzte. Die Griechen Racines sind nur gemäß der Zeitangabe Griechen, ohne uns das damalige Griechenland schauen zu lassen. Die historische Richtung hingegen verweist die Ereignisse auf eine konkrete Vergangenheit. Sie gestaltet realistisch, idealisiert jedoch durch einfache Rückwärtsverlegung und durch Wirkung aus der Ferne. Es ist charakteristisch für die Geschichte, alles größer erscheinen zu lassen und zu „poetisieren". Sie vollzieht einen Läuterungsprozeß, der nur noch ästhetische und erhabene Charakterzüge fortbestehen läßt. Die winzigsten Gegebenheiten finden sich von allem befreit, was ihnen an trivialem, ordinärem, vulgärem, groben und anderem anhaftet. In unserem Geist bleibt ein harmloses Bild zurück, das nichts gemeines an sich hat. Alles, was wir durch das Auge der Vergangenheit erblicken, erscheint uns in seiner Schlichtheit, während das alltäglich Nützliche mit seiner Überlast an Trivialität prosaisch bleibt: das historisch gewordene Nützliche wird schön.

2. Die räumliche Verlagerung und die Erfindung von Milieus – Das Gefühl für die Natur und das „Malerische"

Ein zweites Mittel, um bei der Darstellung des Wirklichen dem Trivialen zu entgehen, ist die Verlagerung der Ereignisse in uns mehr oder weniger unbekannte Milieus. Dieses Vorgehen regt zu Naturbeschreibungen an, die von einfachen Schilderungen der verschiedenen Gegenden Frankreichs bis zu exotischen Ländern reichen. Das Ergebnis ist dann das sogenannte „Malerische“. Für die als klassisch bezeichneten Epochen (besonders im Jahrhundert Ludwigs XIV.) war es charakteristisch, daß man das Triviale mehr fürchtete, als man das Wirkliche liebte, doch muß man das Wirkliche genügend lieben, um es zu verklären und vom Trivialen zu befreien. Diese Liebe zur Wirklichkeit ist in die französische Literatur erst auf einem Umweg eingeführt worden, und zwar vermittels der Liebe zur Natur, beziehungsweise einem Verständnis für die Natur, daß wir in erster Linie Rousseau verdanken. Wie oft bemerkt worden ist, führte Rousseau etwas Neues in die Literatur ein, und zwar ganz einfach das Herz, wenn auch ein reichlich schwülstiges. Gewiß fühlte er, aber er übertrieb bisweilen so sehr, daß es schien, als ob er nicht mehr fühle. Ein Kritiker hat unlängst die Meinung vertreten, daß man den größten Teil von Rousseaus Einfluß dem Ungesunden und Zügellosen seines Genius, also in erster Linie seiner Überspanntheit zuschreiben müsse. Wenn diese Ansicht auch mancherlei Wahres enthält, so steckt doch auch viel Falsches darin. Hat doch gerade Rousseaus Überspanntheit, die ihn im Leben viel leiden ließ, seinem Erfolg und seinem Einfluß gedient. Denn das eigentümliche an ihm ist, daß er nicht nur mehr gelitten hat als alle anderen Schriftsteller seiner Zeit, sondern überdies, daß dieses Leid oft so herzzerreißend stark gewesen ist, um seine Werke durchzusetzen und einen besonderen Akzent zu verleihen. Wenn man Genie besitzt, ist viel zu leiden oft ein relatives Glück, denn es begeistert und leitet die Begeisterung zur Seite des Wirklichen hin. Wir können das besser denn je heute feststellen, wo unsere Literatur zum großen Teil von leidenden und halb verwirrten Geistern gespeist wird, die, obwohl sie bisweilen hart an der Grenze der Überspanntheit liegen, mit solch ewigen Wirklichkeiten wie der Pein des Leidens verbunden bleiben. Man denke nur an Shelley, Edgar A. Poe, Baudelaire, Gérard de Nerval, Sénancourt und vielleicht auch Tolstoj. Durch Leiden haben sich Wirklichkeit und Natur Jean Jacques Rousseau aufgedrängt, haben sie sich mitten durch den Schwall seiner Rhetorik

Bahn gebrochen. Durch Reaktion gegen seine sozialen Leiden wurden bei ihm zwei durchaus echte und gesunde Gefühle geboren, die sich sehr schnell verbreiten sollten: die Liebe zur Natur und zur Freiheit. Beide besitzen ewigen Wert und wohnen im innersten Herzen des Menschen; von ihnen sollte die gesamte Literatur nach Rousseau leben.

Rousseau war wie viele aus der Bahn geworfene Geister von seiner Veranlagung her ungesellig, scheu und zu einem Leben in Einsamkeit geneigt, aber er war sich ebenso wie seine Zeitgenossen der pathologischen Ursachen dieser mangelnden Soziabilität nicht bewußt gewesen. Sie haben sie nicht dem seelischen Leiden Rousseaus zugeschrieben sondern der Krankheit des Jahrhunderts, nämlich der Unnatürlichkeit der sozialen Konventionen. So kam es, daß die von Rousseau ausgehende Literatur es sich angelegen sein ließ, einen weniger konventionellen Gesellschaftszustand zu schildern, eine weniger unwahre Gesellschaft als die damals vorherrschende, die vorhergehenden Literaturen als Vorbild gedient hatte. Auf diese Weise hat Rousseau Überspanntheit indirekt der Wahrheit in der Kunst einen Dienst geleistet. Sein krankhafter Mangel an Soziabilität hat den Chateaubriands und Lamartines den Weg gewiesen, auf dem sie neue und mitfühlendere literarische Typen ersinnen konnten, Typen mit tieferen und zugleich einfacheren Gefühlen, sozusagen ein neues „Reich der Kunst“ mit Gesetzen, die den ewigen Regeln des Lebens besser angemessen waren. Die Natur selbst wurde zum Milieu dieses „Reiches“.

Was nun das rein „Malerische“ in diesem Milieu betrifft, so spielt es in der Literatur eine mehr negative als positive Rolle. Es dient dazu, die Aufmerksamkeit durch den Kontrast der Neuheit anzuziehen und auf den zu schildernden Gegenstand zu konzentrieren. Es gehört zur Kunst des Schriftstellers, den Geist des Lesers so vollständig wie möglich abzugrenzen, um ihn in den Kreis seiner eigenen Ideen einzufügen, um ihm das Ohr gegen alle von außen kommenden Geräusche zu verschließen. Wenn er ihn in ein unbekanntes Land versetzt und über Dinge spricht, von denen der Leser keine Ahnung hat, vereinfacht sich die Sache. Denn der Leser wird dann nur das kennenlernen, sehen und aufnehmen, was ihm gezeigt und gesagt wird. Er wird sich nur denjenigen Gedankengängen anschließen, auf die es der Schriftsteller abgesehen hat, und nichts wird den geschickt herbeigeführten Wirkungen in die Quere kommen: der Leser wird gewissermaßen ganz in der Macht des Schriftstellers sein. Von daher rührt vielleicht der Zauber des Malerischen, des Pittoresken. Das Malerische dient zur Herauslösung der Dinge aus ihrem gewöhnlichen Milieu, zur Ablenkung von allzu vulgären Gedankenassoziationen, zur Zersetzung unserer Vorstellungen und zur Eindämmung unserer gewohnten Erwartungen. So wie zu jeder Zeit und in jedem Land ein Säugetier ein Säugetier und eine Pflanze eine Pflanze ist, ist auch die Wirklichkeit im Orient oder Okzident, in Vergangenheit oder Gegenwart dieselbe. Es handelt sich also für die Kunst darum, Wirklichkeit und Leben mehr oder weniger von dem zu befreien, was sich hinter dem banalen Mechanismus unserer Vorstellungen verdeckt. Und sollte es nach Théophile Gautiers Ausspruch malerische Worte geben, die „wie Trompeten klingen", dann muß solch eine Trompete auch in der Lage sein, uns etwas anzukündigen, muß einer mit Leben erfüllten Armee vorausgehen, so daß man hinter ihr die Kraft von Ideen, Gefühlen und Aktionen empfinde.

Es hat sich jedoch als ein Irrtum der Romantiker gezeigt, zu glauben, das treffende Wort sei alles und das Malerische der eigentliche Kern der Kunst. Schließlich ist das Malerische ohne die deutliche Erscheinung des Wirklichen ohne Sinn; es ist nur ein Verfahren, und obendrein nur ein recht gewöhnliches zur Herstellung von Kontrasten. Das Augenblickliche und Außergewöhnliche wird für die Kunst nur unter der Bedingung zum Darstellungsobjekt; daß es von einem ausgedehnten Gesichtspunkt aus, gleichsam mit dem Auge eines Philosophen wahrgenommen wird, daß es auf die Gesetze der menschlichen Natur zurückgeführt und auf diese Weise gewissermaßen zu einer der Formen des Ewigen wird. Wenn man uns schon in ferne und fremde Umgebungen führen will, muß man uns auch die Kundgebungen eines Lebens zeigen, das bei aller Verschiedenheit immer noch Ähnlichkeit mit dem unseren hat. Dann nämlich erweitert sich unsere Soziabilität und verfeinert sich durch die Berührung mit unbekannten Gesellschaften.

IV.
Der Einfluß der Bibel und des Orients auf das Naturgefühl

Es ist dem Einfluß der Bibel und des Orients zuzuschreiben, daß sie neben anderen Werten grandiose und malerische Elemente in die Literatur eingeführt haben, wodurch sich Empfindungen für die Natur und Menschenliebe ausgedehnt haben.

Besonders auf Schriftsteller, die zu der sogenannten romantischen oder realistischen Schule gerechnet werden, hat die Bibel einen beachtlichen literarischen Einfluß ausgeübt. Er ist oft verkannt worden, obwohl sich zur Verteidigung des Studiums des Hebräischen die gleichen schöngeistigen Argumente vorbringen lassen, die auch zur Verteidigung des Lateins und des Griechischen gelten. Unbestreitbar wurde auf dem Boden Judäas eine Literatur geboren, die viel farbiger und insgesamt schlichter ist als die griechischen Werke, auch viel maßvoller als die Hindu-Literatur. Sie ist ein unvergleichliches Beispiel dessen, was man als realistischen Lyrismus bezeichnen könnte und bietet uns zusammen mit einigen Hindu-Psalmen wahrscheinlich das höchste, was der Menschheit an Poesie zu erreichen vergönnt war. So wie das Mittelalter sich hauptsächlich von der Poesie der Psalmen genährt hat, haben sie die ersten lyrischen Versuche Corneilles und Racines inspiriert. Dante und Milton sind ebenso von der Bibel durchdrungen gewesen wie Bossuet und Pascal, die Schöpfer unserer gegenwärtigen französischen Sprache und Bahnbrecher des modernen Stils.

Das Empfinden für die Natur sowie die Kunst, sie zu beschreiben, sollten unter dem Einfluß der Bibel und des Christentums wesentliche Änderungen erfahren. Für die griechisch-lateinische Literatur ist es charakteristisch, Vorstellungen des Hörens und Sehens durch erstaunliche Schilderungen von Linie und Form wachzurufen. Hingegen legt die orientalische und romantische Literatur das Hauptgewicht nicht auf die objektive Wahrnehmung sondern auf die sie begleitende innere Emotion. Anstatt sich auf den allzu intellektuellen Sinn des Sehens zu stützen, entlehnt sie ihre Vorstellungen dem Bildkreis des Tast- und Geruchssinnes.

Auf diese Weise gelingt es ihr, viel genauere, wenn auch formell weniger abgerundete Darstellungen hervorzubringen: der Schriftsteller läßt uns die Dinge indirekt sehen, indem er die die äußere Vision begleitende innere Emotion anspricht. Da unsere romantische Literatur von Anfang an bemüht gewesen ist, das orientalische Genre nachzuahmen, mußte sie sich an der Bibel inspirieren, zumal dem hebräischen Volk vom literarischen Standpunkt aus gesehen die wichtige Rolle beschieden war, den gesamten orientalischen Genius zusammenzufassen. In der Tat liefert uns die Bibel wie eine Art Handbuch eine Zusammenfassung der endlosen Meditationen orientalischer Stämme in der Wüste angesichts einer farbkräftigeren Natur als die unsere.

V.
Die Beschreibung – Die sympathische Beseelung der Natur

Damit die Darstellung der Natur unsere Sympathie erwecke, muß sie beseelt sein, d.h. sie muß eine Ausdehnung des Gesellschaftlichen in das Gesamt der Natur sein. Unser Leben muß sich mit dem der Dinge und das der Dinge mit unserem Leben vermischen – so, wie es in der Wirklichkeit ist. „In der Natur ist mir nichts gleichgültig", sagte Michelet, „ich hasse und liebe sie als wäre sie eine Frau." So muß es auch dem Dichter ergehen. Die Landschaft darf für ihn nicht nur eine Gruppierung von Eindrücken sein, sondern er muß ihr so viel seelische Färbung verleihen, daß ein allgemeines Gefühl ausgelöst wird, ein Gefühl, das bisweilen nicht nur ein seelisches, sondern geradezu ein philosophisches sein wird. Die Natur beseelen heißt das Wirkliche getroffen zu haben, da in allem Leben ist. Leben und Streben, ob vom Glück begünstigt oder von Widrigkeiten begleitet, enthält stets Keime von Freud und Leid. Selbst mit einer Blume können wir Mitleid haben.

Unser Blick ist durch eine abstrakte Auffassung von der Welt verfälscht, von dem Eindruck unbeweglicher Oberflächen und dem Glauben an die Regungslosigkeit gewöhnlicher Dinge. Indem der Dichter selbst solchen Wesen Leben einhaucht, die uns als die denkbar leblosesten erscheinen, gerät er in das Gebiet philosophischer Gedankengänge über das Weltall. Drum kommt es bei der Beseelung der Natur darauf an, die Abstufungen des Lebens zu ermessen, die man ihr verleiht. Es ist der Poesie gewiß erlaubt, die Entwicklung der Natur ein wenig zu beschleunigen, aber nicht, sie zu entstellen. Wenn auch kraft der Gesetze der Evolution das Leben alles durchdringt, so steigt doch sein Niveau nur stufenweise an. Bei Metaphern, die nur vernunftgemäße Metamorphosen, Symbole einer allgemeinen Umbildung der Dinge sein dürfen, kann der Dichter über ein paar unmerkliche Stufen des Lebens hinweggehen, darf sie jedoch nicht willkürlich überspringen. Er kann die Maschine mit dem Vieh, unbewegliche Wesen mit beweglichen vergleichen, niedere Tiere mit höheren – muß jedoch auf der Stufenleiter der Wesen schon recht hoch hinauf, wenn er Vergleichspunkte mit dem Menschen sucht. Dies verkennend, werden wir in der Mythologie, auch bei gewissen romantischen Dichtern und Parnassiens mit manchen Absurditäten konfrontiert, wenn sie den Ozean oder den Donner zu beseelen glauben, indem sie ihnen Gedanken zuschreiben und sie mit Syllogismen räsonnieren lassen. Diese Verfahren der frühen epischen Dichtungen sind seit Virgil abgenutzt. Die Poesie muß sich den Abstufungen der wissenschaftlichen Entwicklung anpassen, muß ihre Vergleichspunkte stufenweise verteilen, muß die Wesen und das in ihnen enthaltene Leben vergrößern, ohne aus ihnen Ungeheuer zu machen, die in Geistesanordnung und Natur gleichermaßen lächerlich erscheinen.

Es ist eine delikate Angelegenheit, den Dingen ein bewußtes Leben und einen Willen zu verleihen, und sie auszuspinnen kann geradezu gefährlich werden. Selbst wenn das Erhabene das Ziel sein sollte, riskiert man, schlechten Geschmack oder Absurdes zu schaffen. Der Reiz, zu einer allzu vollständigen Beseelung der Natur vorzudringen, verlangt vom Dichter eine Anspannung seiner lyrischen Kräfte, bei der er sich bald am Widerspruch zwischen der Wirklichkeit und der poetischen Vorstellung stoßen wird. In der Tat, wenn das Leben der Dinge – der Berge, des Meeres, der Sonne und der Sterne – bewußt gemacht werden könnte,

könnte dies weder mit unserem Leben noch mit dem vom Dichter ausgedachten identisch sein. Was immer man sich ausdenke, bliebe stets zu dürftig und zu eng, um die Natur, ihre Kraft und ihr Leben zu erfassen. Nur selten kann die Beseelung der Natur bis zu einer übermäßig deutlichen Äußerung von einem inneren Leben gebracht werden. In den meisten Fällen werden sich Dichter und Romanschriftsteller an das zweifellos starke, aber unempfindliche und verborgene Leben halten, das wir alle mehr oder weniger in den Dingen empfinden. Im allgemeinen läßt sich sagen, daß eines der Mittel, selbst in geringem Maße der Natur Leben zu entrücken, in einer genauen Analyse, in einer Zerlegung der Einzelheiten besteht. Gerade das Detail hat für die moderne Kunst eine hohe Bedeutung. Bisweilen rückt in einer Beschreibung Victor Hugos, Balzacs oder Flauberts ein scheinbar gleichgültiges Ereignis, ein winziges Objekt plötzlich in den Vordergrund, und die übliche Sicht scheint durcheinander geraten zu sein. Die klassischen Kritiker sehen darin ein tadelnswertes Verfahren, da sie nicht dafür zu haben sind, notwendige Unterschiede zu machen. Die Kunst der Beschreibung besteht vor allem darin, die den Geist des Schriftstellers durchziehenden Bilder nicht mit vagen und in der Seele des Lesers verwischten, sondern noch vibrierenden Erinnerungen zusammentreffen zu lassen. Daher ist zwischen dem schlechthin genauen Detail mit seiner relativen Bedeutung und dem nachhaltig wirkenden und charakteristischen zu unterscheiden, das mit einem Schlag die deutliche Erinnerung einer einstmals verspürten Emotion erweckt. Da vom künstlerischen Standpunkt aus betrachtet nicht alle objektiven Wahrheiten gleich sind, muß der Künstler aus der Masse dessen, was sein Auge schaut, Dinge auswählen, die tief empfunden werden können, das heißt Details, die fähig sind, eine eingelullte Emotion wieder zu erwecken oder eine neue aus uns herauszulocken.

Unter den zwei Arten von charakteristischen Details gibt die eine Eindrücke und Emotionen wieder, die jedermann empfindet oder im allgemeinen empfinden kann, während die andere Eindrücke und Emotionen einer bestimmten Person in einem bestimmten Zustand der Leidenschaft vermittelt. Wenn also der Schriftsteller Personen beschreibt, deren Gemüt brachliegt, bedient er sich nur unpersönlicher charakteristischer Details. Wird hingegen der Held auf dem Schauplatz in irgendeinem leidenschaftlichen Zustand dargestellt, dann bestätigt sich seine Persönlichkeit: sie wird sozusagen transparent. Seine Sicht der Dinge erreicht uns dann umgebildet oder entstellt durch die Persönlichkeit, durch die charakteristischen Details der oben erwähnten zweiten Art. Hier ist anzumerken, daß die auf diese Weise vor Augen geführte Persönlichkeit nur selten der unseren entspricht, meistens wird sie ihr sogar entgegengesetzt sein. Dennoch ist es an uns, zu urteilen. Und um uns zu gültigen Richtern zu machen, ist es am Schriftsteller, uns genau in die gleiche Sicht seiner Person zu führen, das heißt sie muß mit einer solchen Genauigkeit und einer solchen Intensität sehen, fühlen und denken, daß wir im Banne der Illusion glauben können, wir wären es, die sehen, fühlen und denken, kurz, sie muß für einige Augenblicke in unseren Augen gegenwärtiger und lebendiger sein als wir selbst.

Der unbeständigste geistige Zustand bringt die lebhafteste Erregung hervor; zu viele Einzelheiten löschen sich eher einander aus, als daß sie sich ergänzen. Alles auf einmal zeigen wollen, heißt so gut wie gar nichts sehen lassen. Die Kunst des Beschreibens besteht daraus, *das Besondere mit dem Allgemeinen* zu verbinden, und zwar derart, daß sie eine kleine Anzahl von genauen Einzelheiten als Merkzeichen im Plan des Ganzen deutlich erkennen läßt, ohne die Perspektiven aufzuheben. Es handelt sich nicht darum, möglichst viele Dinge ins Auge zu fassen, sondern aus allen Sinneseindrücken diejenigen erkennen zu lassen, die die stärksten latenten Emotionen in sich einschließen. Man darf beim Lesen einer Beschreibung niemals Langeweile verspüren, und daher heißt beschreiben nicht aufzählen, klassifizieren, etikettieren oder mühsam analysieren. Es heißt darstellen oder, noch besser gesagt, darbieten, gegenwärtig machen. Beschreiben heißt für jeden von uns irgendetwas aus seinem Leben aufs neue erwecken und nicht ihm gänzlich neue und fremde Empfindungen zuführen.

Der allzu beschreibende, sich an jedes winzige Detail des Lebens heftende Roman vermischt zwei unterschiedliche Vorstellungen von der Welt: diejenige, die sich der alle Dinge mit gleichem Auge betrachtende wißbegierige Beobachter macht, und diejenige, die sich die von einem Schauspiel ergriffene handelnde Person macht, die in der Welt nur weniges sieht, was sich mit seinen Emotionen verknüpft. Heftige Gefühle zwingen uns, unsere Vorstellungen von den Dingen mehr oder weniger abzuändern, sozusagen sie zu entkörperlichen. Sie wieder aufleben lassen wollen, heißt oft, durch zuviel Gewissenhaftigkeit am wahrhaftigen Verfahren der Natur und an der natürlichen Bewegung des Geistes Verrat zu üben und beim Leser die sympathische Emotion zu unterbinden. Da über jeder tiefen Emotion etwas Dämmeriges gelegen ist, sozusagen ein Schleier über einen Teil der Wahrheit, ist der klare und objektive Blick auf die Welt mit dem von Leidenschaft getragenen, stets ungenauen und für gewisse Veranlagungen durchaus idealistischen unvereinbar. Die Leidenschaft bringt psychologisch die gleiche Erscheinung hervor wie die Abstraktion: sie nimmt von der einen Seite die Intensität der Emotion und überträgt sie auf die andere. Wenn also der Romanschriftsteller in uns Leidenschaft erregen will, muß er uns stets die Dinge vom Gesichtspunkt der Leidenschaft her sehen lassen. Während in den bildenden Künsten die dargestellten Dinge eine der Form und der Farbe innewohnende Schönheit bewahren, gelten sie in der Literatur hauptsächlich als Zentrum und Kern von Gedankenverbindungen und Gefühlen. Ihre Bedeutung, ihre Weite für den Geist, ihr Platz in der allgemeinen Sicht ist also abhängig von der Quantität und der Qualität der Ideen oder Gefühle, die sie erwecken. Selbst Schriftsteller, die sich für ausgesprochene Koloristen halten und glauben, mit ihrer Feder zu malen, schöpfen die angebliche Farbe ihrer Beschreibungen in Wirklichkeit aus der Kunst, mit der sie durch Assoziationen Sinneseindrücke zu erwecken verstehen. Die Kunst des Schriftstellers besteht darin, seelisch denken oder fühlen zu lassen, um sehen zu lassen.

Zweiter Teil

Anwendungen
Die soziologische Entwicklung der zeitgenössischen Kunst

Erstes Kapitel

Der psychologische und soziologische Roman in unseren Tagen

I.

Die Bedeutung des modernen Romans als eine im wesentlichen psychologische und soziologische Literaturgattung ist unverkennbar. Er erzählt und analysiert *Handlungen* in ihren Beziehungen zu dem *Charakter,* der sie hervorgebracht hat, sowie zu dem sozialen oder natürlichen *Milieu,* in dem sie zutagetreten. Je nachdem, ob man das Hauptgewicht auf die Handlung, den Charakter oder das Milieu legt, zeigt sich der Roman dramatisch, psychologisch, soziologisch, ländlich oder malerisch. Sobald man jedoch den dramatischen Roman (z.B. den Abenteuerroman) genauer prüft, verwandelt er sich in einen psychologischen und soziologischen Roman: man interessiert sich um so mehr für eine Handlung, wenn man gesehen hat, wie sie im Charakter der Person und in der sie umgebenden Gesellschaft entstanden ist. Ebenso interessieren Umweltbeschreibungen viel mehr, wenn sie der Handlung nur als Rahmen dienen, wenn sie sie stützen oder einen Gegensatz zu ihr bilden, wenn sie sich nicht außerhalb der Haupthandlung und gleichsam neben das dramatische Interesse gestellt finden. Der psychologische Roman ist nur dann allumfassend, wenn er in einem gewissen Maße zu *sozialen* Verallgemeinerungen führt. Überdies verlangt er nach *dramatischen* Szenen, weil dort, wo nichts passiert, es auch nichts zu erzählen gibt. Schließlich muß der Romanschriftsteller bei der Analyse der individuellen oder der kollektiven Seele das alle Poesie inspirierende Gefühl der Harmonie zwischen dem Wesen und der Natur berücksichtigen, das heißt: den Widerhall der sichtbaren Welt in der menschlichen

Seele. Der Roman vereinigt also in sich alles Wesentliche der Poesie und des Dramas, der Psychologie und der Sozialwissenschaft und, so möchten wir sofort hinzufügen, auch das Wesentliche der Geschichte. Denn der wirkliche Roman ist Geschichte und wie die Poesie „wahrer als die Geschichte selbst": er geht den menschlichen Gedanken und Gefühlen in ihren Grundlagen nach, während die Geschichte nur ihre Entwicklung aufzeigt. Auch kann die Entwicklung der einer ganzen Gesellschaft gemeinsamen und in einem individuellen Charakter personifizierten menschlichen Idee und Gefühle im Roman vollendeter sein als in der Geschichte. Die Geschichte ist voll von unvollendeten Gedanken, zerstörten Willenskräften, verstümmelten Charakteren und entstellten menschlichen Wesen, wodurch sie nicht nur das Interesse hindert, sondern auch an menschlicher Wahrheit und Logik verliert, was sie an wissenschaftlicher Genauigkeit gewinnt. Der echte Roman ist verdichtete und systematisierte Geschichte, in der jener Teil zufälliger Ereignisse, die den menschlichen Willen unfruchtbar gemacht haben, auf das unbedingt Notwendige beschränkt ist. Er ist gewissermaßen *humanisierte* Geschichte, indem das Individuum in ein Milieu verpflanzt wird, das dem Aufschwung seiner inneren Tendenzen förderlich ist. Mit anderen Worten: er präsentiert uns eine vereinfachte und treffende Darstellung soziologischer Gesetze.

II.

Der Roman umfaßt das sich mit größerer oder geringerer Lebhaftigkeit entfaltende Leben. Er verfolgt die Entwicklung eines Charakters, analysiert ihn und systematisiert die Begebenheiten, um sie auf einen Mittelpunkt zurückzuführen, kurz, er stellt das Leben dar wie eine Gravitation um wesentliche Handlungen und Gefühle. Das verleiht dem Leben den philosophischen Grundzug oder immerhin ein Gepräge der Wirklichkeit, indem alle die störenden Ursachen berücksichtigt werden, die fast kein Leben zur Vollendung kommen läßt, keinem Leben gönnt, das zu sein, was es logischerweise hätte sein müssen.

Bei der Schilderung der Menschen ist das Suchen nach dem „vorherrschenden Charakter", von dem Taine spricht, nichts anderes als das Suchen nach der Individualität, diesem wesentlichen Ausdruck des moralischen Lebens. Die starken Persönlichkeiten besitzen im allgemeinen einen sie kennzeichnenden Zug, einen alles beherrschenden Charakter. Und wenn, wie Taine bemerkt, die Kunst sich bemüht, den vorherrschenden Charakterzug hervorzuheben, sucht sie vorzugsweise starke Persönlichkeiten aufzuzeigen, d.h. das Leben in seinen augenscheinlichsten Äußerungen.

Taine hat sozusagen seine Theorie von der Vorherrschaft des Hauptcharakterzuges bestätigt, indem er uns einen Napoleon gezeigt hat, dessen einzige Triebfeder der Ehrgeiz war. Sein Napoleon ist in seiner Art vortrefflich, aber vereinfacht wie ein von Menschenhand konstruierter Mechanismus, bei dem die ganze Bewegung durch ein zentrales Räderwerk hervorgebracht wird. Jedoch ein solcher Mechanismus entspricht weder der Vielseitigkeit des wirklichen Lebens noch der großen Kunst. Das Leben ist eine gegenseitige Abhängigkeit und ein vollkommenes Gleichgewicht aller Teile, wobei die *Aktion,* d.h. die Manifestation des Lebens dieses Gleichgewicht unterbricht. Das Leben ist demnach auf ein im wesentlichen *unbeständiges* bewegliches Gleichgewicht beschränkt, bei dem irgendein Teil immer überwiegen und das vorherrschende Gefühl nach außen zum Ausdruck kommen muß. Jedes vollständige Leben strebt in jedem Augenblick der Aktion nach, *symbolisch* zu werden, d.h. Ausdruck einer Idee oder einer Neigung, die ihm seinen wesentlichen und vornehmlichen Charakterzug aufprägt. Dennoch glauben viele Autoren, es genüge bei der Darstellung eines Charakters, eine einzige Neigung zu verdeutlichen (Leidenschaft, Laster oder Tugend), die mit den verschiedenen Ereignissen des Lebens ringt. Das ist ein Irrtum. Denn in Wirklichkeit gibt es beim Menschen nicht nur eine einzige Neigung, sondern nur vorherrschende Neigungen, und der Triumph der vorherrschenden Neigung ist allzeit das Resultat eines Kampfes zwischen allen bewußten und selbst den unbewußten Kräften des Geistes.

Der Charakter wird immer erst durch Aktion enthüllt und verdeutlicht. Wir können uns nicht schmeicheln, eine Person gut zu kennen, bevor wir sie nicht haben *handeln* sehen. Daher ist Handlung im psychologischen Roman etwas unentbehrliches. Sie ist es im Grunde nicht weniger als in einem Abenteuerroman, allerdings auf andere Weise, da es im psychologischen Roman nicht gilt, die außerordentliche Seite der Handlung herauszuarbeiten sondern die ausdrucksvolle moralische und soziale. Nicht *akzidentielle* Handlungen (Zwischenfälle, zufällige Begebenheiten) haben für den Romanschriftsteller leitend zu sein, sondern *expressive* Aktionen, die er sich anhand sehr unterschiedlicher und auffallender Begebenheiten auszuwählen hat und deren literarischer Wert in ihren psychologischen, moralischen und sozialen Folgeerscheinungen geborgen liegt.

Ein Roman ist mehr oder weniger ein Drama, das zu einer gewissen Anzahl von Szenen führt, die die Höhepunkte des Werkes bilden. Und so wie es im Leben selbst ist, sollte es auch im Roman sein, nämlich daß die großen Szenen von langer Hand von diesem Leben selbst vorbereitet sind. Jedes Ereignis, mag es an sich noch so interessant sein, sollte eine Vorbereitung, eine Erklärung großer kommender Begebenheiten sein. Der Roman sollte nichts anderes als eine ununterbrochene Kette von ineinandergreifenden Ereignissen sein, die alle auf ein Endergebnis hinauslaufen. Charakteristisch für einen auf diese Weise entworfenen psychologischen Roman wäre das, was man die „moralische Katastrophe" nennen könnte. Ich meine damit Szenen, in denen sich kein schwerwiegendes Ereignis auf irgendeine sichtbare Weise ereignet und man doch deutlich die Schwäche, das Wiederaufrichten und den Zwiespalt einer Seele wahrnehmen kann. Das Dramatische ist überall dort, wo sich die Emotion vorfindet, woher übrigens die große Überlegenheit des Romans über das Theaterstück rührt. Auf der Bühne kann das Dramatische nur mit großem Getöse dargetan werden, denn dort genügt Denken allein nicht: es muß gesprochen werden, und wenn geweint wird, muß das mit hörbarem Schluchzen geschehen. Im Leben gibt es aber auch Tränen, die im Inneren geweint werden, und Gedanken, die man nicht zu äußern vermöchte. Während das Theater eine Art Tribunal ist, das sichtbare und greifbare Beweise vorzubringen hat, wenn sie geglaubt werden sollen, schließt der Roman so einfach und ebenso kompliziert wie das Leben nichts aus, nimmt jedes Zeugnis auf: er kann alles sagen und alles enthalten.

Die am wenigsten komplizierte Form des psychologischen Romans befaßt sich nur mit einer einzigen Person, verfolgt ihr Leben und verdeutlicht die Entwicklung ihres Charakters. Ein gutes Beispiel hierfür ist Goethes „Werther". Eine einzige Person erzählt, sinnt nach, handelt – es ist eine Art Monographie. Aber da das Individuum gleichzeitig einen Typus darstellt, ist das Werk überdies von sozialer Tragweite. In einer vollendeten Monographie beeinflußt jedes auftauchende Ereignis die folgenden und wird selbst durch die vorhergehenden beeinflußt: die gesamte Verkettung der Ereignisse kreist um den Charakter und umschließt ihn. Der ideale Roman dieser Art ist also derjenige, der die Aktionen und Reaktionen der Ereignisse auf den Charakter und des Charakters auf die Ereignisse hervortreten läßt, indem er sie vermittels des Charakters eng untereinander verbindet. Es läßt sich hier quasi von einem dreifachen Determinismus sprechen.

Der Romanschriftsteller muß sich darüber im klaren sein, daß überraschende Wendungen keinerlei Interesse erwecken, wenn sie sich nur zur Lösung einer Situation einstellen; sie müssen Spannung erzeugen. Im Leben führt der Zufall die Ereignisse herbei, das heißt, es ergibt sich eine Situation und es ist an den Charakteren, sie zu lösen. So muß es auch im Roman sein. Wenn der Zufall eine Begegnung zwischen irgendeinem Mann und irgendeiner Frau herbeiführt, dann ist nicht die Begegnung als solche das interessante, sondern die Folgen dieser Begegnung, die durch die Charaktere der Helden bestimmt werden. Wenn Ereignisse und Charakter miteinander verbunden sind, ist zwar ein Zusammenhang hergestellt, aber es muß darin auch ein stetiges Fortschreiten gelegen sein. In der Wirklichkeit führt die Heftigkeit von Ereignissen beim Charakter zu angehäuften Wirkungen. Sie gestalten und entwickeln ihn, und eine ursprüngliche Neigung auf diese oder jene Art zu fühlen oder zu handeln, wird mit der Zeit in Übertreibung enden. Ein Roman muß also beim Fortschreiten der Handlung behutsam vorgehen, zumal sich die verschiedenen

Ereignisse als durch das einheitliche Gewebe des Charakters als miteinander verbunden erweisen. „Werther“ ist das Vorbild einer andauernden und fortschreitenden Entwicklung eines gegebenen Charakters.

Die Sache wird komplizierter, wenn es zu einem Roman mit zwei hervortretenden Persönlichkeiten kommt. Beide müssen miteinander in Beziehung gebracht werden und doch völlig verschieden voneinander bleiben. Das Leben muß auf jede der beiden Personen eine besondere, jedoch nicht abgesonderte Wirkung hervorbringen, die bei der anderen widerhallt. Die gesamte dramatische Aktion ist eine Art Kette ohne Ende, die jeder Person verschiedene untereinander verbundene Antriebe vermittelt, die ihrerseits wieder auf das Ganze zurückwirken und den allgemeinen Fortgang beschleunigen oder verlangsamen. Als Beispiel eines Romans mit zwei Personen nehmen wir ein vom „Werther“ völlig verschiedenes Werk, dessen Psychologie ebenso einfach wie die Goethes verfeinert ist. Es handelt sich bei diesem Werk um die „Carmen“ des Prosper Merimée, das als ein Übergang von Stendhal zu Flaubert angesehen werden kann. Es ist die Geschichte der Begegnung und des Kampfes zweier Charaktere, die keine anderen gemeinsamen Züge als Eigensinn und Stolz haben. In jeder anderen Beziehung zeigen sich die widerstreitenden Eigenschaften zweier Rassen, nämlich der Bergbewohner, deren geistiger Horizont so schmal wie die Täler ihrer Heimat ist, und der durch alle Lande ziehenden Zigeuner, die die natürlichen Feinde aller sozialen Konventionen sind. Man braucht diese allgemein bekannte Geschichte von Verführung, Eifersucht, Furcht und Tod, diese Studie von Aktionen und Reaktionen zwischen entgegengesetzten Charakteren, Milieus und sozialer Situation nur verwickelter zu gestalten, um zu den großen Romanen Stendhals zu gelangen, auf dessen staunenswerte psychologische Analysen schon vielfach hingewiesen wurde. Allerdings sind sie ganz auf die völlig bewußten *Gedanken* seiner Personen ausgerichtet, nicht auf die verborgenen *Beweggründe* des Gefühls. Überdies sind seine Helden Italiener, und die Italiener lassen sich nur in geringem Maße vom reinen Gefühl leiten; eher räsonnieren sie und sind selbst im Zorn kaltblütig. Stendhal analysiert zwar die bewußten Motive der Aktionen, jedoch auf rein intellektueller Basis. Niemals gelingt ihm jene Synthese von Verstand und Gefühl, die einzig in der Lage ist, das Leben wiederzugeben, will sagen, den ganzen Menschen mitsamt seinem verborgensten Untergrund und seinem bewußten Sein. So lassen sich z.B. in der „Chartreuse de Parme“ die beiden die Erzählung beherrschenden aufrichtigen Liebesgefühle in keiner Weise erklären. Stendhal analysiert im ganzen recht einfache und ziemlich oberflächliche Gedanken. Sind doch die Lebensauffassungen seiner Personen mehr als primitiv: simpler Aberglaube, kokette Diplomatenkünste oder fromme Vorurteile, Skrupel bei Fragen der Etikette, wie sie dem Weltmann eigen sind – alles auf durchaus klaren und abgegrenzten Gefühlen beruhend, die so exakt sind wie mathematische Formeln. Selbst Ehrgeiz, Liebe, Eifersucht spielen sich auf dem denkbar einfachsten menschlichen Hintergrund ab. Stendhal ähnelt dem Anatom, der die feinsten Nervenstränge nur bei Leichen bloßlegt. Das Leben mit seinen vielfachen Erscheinungen und seiner nicht-materiellen Tiefe entschlüpft ihm. Bei seinen Personen spürt man nichts von dem, was es in jedem Wesen an Flüchtigem, Unendlichem, Unbestimmtem, Synthetischem gibt.

Da ist Balzac als Psychologe unvergleichlich vollkommener, zumal bei ihm der Roman wahrlich soziologisch wird. Er bekümmert sich um die psychologische und soziale Wahrheit und sucht sie sowohl im Häßlichen als auch im Schönen; häufiger allerdings im Häßlichen. Er ist bestrebt, das Leben und die Gesellschaft genauso wie sie sind zum Ausdruck zu bringen. Zusammen mit Stendhal ist Balzac als ein Vorfahr des zeitgenössischen Realismus anzusehen. Wie die Realisten trägt er Einzelheiten und Beschreibungen zusammen. Vor allem jedoch ist er Logiker, indem seine Charaktere als Typen alles, was in ihnen gelegen ist, wie in einem Lehrsatz des Lebens entwickeln. Seine Gestaltungsart ist von wirksamster Vereinfachung, da er es versteht, einen Menschen in einer einzigen Leidenschaft zusammenzuballen: der Père Grandet ist nichts weiter als ein Geizhals, der Père Goriot ist nichts weiter als der Anbeter seiner Töchter und so fort.

Das zeitgenössische Naturalistische rührt nicht nur von Balzac sondern auch von der Romantik Victor Hugos her. Er verwarf willkürliche Regeln und herkömmlich gestaltete Personen. In der Vorrede zu seinem „Cromwell“ sagte er: „Der Dichter darf sich nur an die Natur, an die Wahrheit und an die Inspiration halten.“ In „Notre Dame de Paris“, diesem Versuch auf dem Gebiet des historischen Romans, hatte Hugo schon soziale Zustände geschildert und ein umfassendes Bild der herrschenden Sitten gegeben, mochten die einzelnen Charaktere auch noch so schwach gestaltet sein. Später dann hat Hugo mit den „Misérables“ einen sozialen und zugleich soziologischen Roman verfaßt. Flaubert, der sich mit seiner Kultivierung der Form und des poetischen Stils noch in den Fußstapfen der Romantik bewegt, kündigt mit seinen psychologischen und sozialen Ausführungen in „Madame Bovary“ und „Éducation sentimentale“ den Realismus an, indem er sich des Systems der kleinen *bedeutungsvollen* Züge bedient, für die Taine so nachhaltig eingetreten ist. Das Ich seiner Helden ist nichts weiter als eine „Sammlung solcher kleinen Züge“, eine „Reihe geistiger Tatsachen“, eine Verbindung von Gedanken und Bildern, die in einer bestimmten Reihenfolge vorüberziehen. Seine Romane sind „psychologische Monographien“. Überdies führt er in den Roman die den Deutschen und Engländern so teure Idee der „Entwicklung“ ein, die, wie Taine sagt, darin besteht, daß alle Teile eines Gesamts als gegenseitig verpflichtet und einander ergänzend dargestellt werden, und alle zusammen durch ihre Aufeinanderfolge und ihre Gegensätze die innere Qualität, die sie verbindet und hervorbringt, offenbaren. Diese innere Qualität nannte Taine den vorherrschenden Charakter. Bedeutungsvolle Züge, unter Hintansetzung der suggestiven, sind in der Tat das Charakteristikum der Wissenschaft; es dringt also somit die Wissenschaft in die Kunst ein.

Der romantische Held, der sich ins Gebiet der reinen Phantasie verirrt hat, fällt mit dem ganzen Gewicht der beobachteten Züge wieder auf die Erde zurück; er verdeutlicht sich, sucht den wirklichen Menschen zu verkörpern und nicht bloß den in einer Stunde der Begeisterung gestalteten Traum des Dichters. Immerhin ist die Wirklichkeit eine solch unbeständige Angelegenheit, daß sie Mittel und Wege finden kann, selbst noch dieser von wissenschaftlicher Genauigkeit strotzenden Methode zu entschlüpfen. Sicherlich bietet das Aus-der-Nähe-sehen die beste Gewähr für ein genaues Erkennen der Einzelheiten, kann aber auch dazu führen, den Blick einzig und allein auf diese Einzelheiten zu beschränken. Sie werden dann weit wichtiger erscheinen, als sie in Wirklichkeit sind, und ihre Beziehungen zum Ganzen werden dadurch stark verändert.

Der Vorwurf, den man Flaubert, doch vor allem seiner Schule machen könnte, richtet sich gegen seine Vorliebe für die Schilderung der Mittelmäßigkeit, unter dem Vorwand, sie sei das Lebenswahrste. Kein Wunder, daß sich mit dieser Art zu sehen, der Pessimismus in der Kunst Zutritt verschafft hat. Ist es doch fast sprichwörtlich, daß die Menschen schlechter erscheinen als sie sind. Wenn wir sie also einzig nach ihren Handlungen beurteilen, die sie aus mannigfachen Ursachen von ihren ursprünglichen Absichten haben abirren lassen, können wir darin nur Themen für pessimistische Betrachtungen finden. Aber, so wird man sagen, was geht mich der innere Mensch an, wenn ich es nur mit dem äußeren Menschen zu tun habe. Nun, der innere Mensch ist wichtiger als man glaubt, denn wenn es wirklich im Menschen zwei Tendenzen, fast zwei entgegengesetzte Willenskräfte gibt, dann wird es auch einen Kampf um die Erlangung des Gleichgewichts geben, ein Kampf, der durch spontane Handlungen und das Auftreten von Ausnahmenaturen in Erscheinung treten wird. Unsere Schriftsteller betreiben diesen Pessimismus unter Berufung auf die Wissenschaft, die allerdings nur durch die Schlüsse, die man aus ihr zieht, pessimistisch ist. Wahrscheinlich ist es das Studium des menschlichen Gefühls, das noch am wenigsten zum Pessimismus führt.

III.

Der Naturalismus bezeichnet sich selbst als „die auf die Literatur angewandte Wissenschaft“. Als Grund für diese ehrgeizige Bezeichnung gibt er an, daß er dieselben Methoden und dasselbe Ziel wie die Wissenschaft habe: Wahrheit, nichts als Wahrheit – ohne allerdings von der *ganzen* Wahrheit zu sprechen. Und was die Methode betrifft, so heißt es, bediene er sich der erfahrungsmäßigen Methode, die außer Beobachtung auch noch Erprobung umfasse. Der naturalistische Romandichter muß also fürs erste ein Beobachter sein und eine Menge Notizen, kleine Tatsachen und Dokumente auf Dokumente zusammentragen, und nicht genug damit, seinen Roman auch noch in eine „Erprobung" umsetzen. Erst tritt der Beobachter auf, der die Tatsachen liefert und somit den Ausgangspunkt festlegt und den Boden errichtet, auf dem die Personen sich bewegen und die Phänomene sich entfalten können, und dann greift der Experimentierer ein und „betreibt Erfahrung", d.h. er läßt die Personen in einer besonderen Geschichte sich bewegen, um zu zeigen, daß die Aufeinanderfolge der Tatsachen darin genau dieselbe sein wird, wie sie der Determinismus der beobachteten und untersuchten Phänomene fordert. Damit dann geht der Romandichter auf die Suche nach Wahrheit. Sehen wir uns daraufhin die Figur des Baron Hulot in der „Cousine Bette" von Balzac an. Die von Balzac beobachtete Haupttatsache ist die Verheerung, die das verliebte Temperament eines Menschen in seiner Familie, in der Gesellschaft und bei sich selbst herbeiführt. Seinen Stoff gewählt, geht Balzac jetzt von beobachteten Tatsachen aus und läßt dann Erfahrung spielen, indem er Hulot einer Reihe von Prüfungen unterwirft und durch gewisse Umgebungen hindurchgehen läßt, alles, um zu zeigen, wie der Mechanismus seiner Leidenschaft funktioniert. Das ist dann nicht mehr bloß Beobachtung (wie die Theoretiker des Naturalismus glauben machen wollen), das ist Erprobung, und zwar in dem Sinn, daß Balzac sich nicht wie ein Photograph streng an die von ihm gesammelten Tatsachen hält, sondern unmittelbar interveniert, um seine Personen in Umstände zu versetzen, über die er sozusagen Herr bleibt. Erfahren soll werden, welche Wirkung diese oder jene Leidenschaft in irgendeinem Milieu und unter irgendwelchen Umständen vom Standpunkt des Individuums und der Gesellschaft aus betrachtet hervorbringen wird. Und so ist ein experimenteller Roman, wie z.B. „Cousine Bette", einfach ein Protokoll der Erfahrung, das der Romandichter vor den Augen des Publikums wiederholt.

Kurz gesagt besteht das Verfahren darin, der Natur Tatsachen zu entnehmen und dann ihren Mechanismus zu untersuchen, indem man die Veränderungen von Umständen und Milieus auf sie einwirken läßt, ohne sich jemals von den Gesetzen der Natur zu entfernen. Am Ende steht dann eine wissenschaftliche Erkenntnis des Menschen in seinen individuellen und sozialen Tätigkeiten vor uns. Somit erweist sich der experimentelle Roman als eine Folge der wissenschaftlichen Entwicklung des Jahrhunderts: er bedeutet eine Vervollständigung der Physiologie, die sich ihrerseits auf Chemie und Physik stützt. Somit läßt sich sagen, daß der experimentelle Roman die Literatur unseres wissenschaftlichen Zeitalters ist, so wie die klassische und romantische Literatur einer Epoche der Scholastik und der Theologie entsprach.

Wenn der Roman sich als „wissenschaftlich" bezeichnet, gilt auch für ihn, daß sich nur sichtbare, greifbare Tatsachen als unmittelbar gewiß ansehen lassen. Unterstellt das sei der Fall, bleibt immer noch, aus den gesammelten Tatsachen Schlüsse zu ziehen. Sie werden von der geistigen Beschaffenheit des Romandichters, von seinen vorgefaßten Meinungen und schließlich von seinem Genie abhängen. Und ist er glücklicherweise mit gesundem Verstand ausgestattet, wird das Gleichgewicht zwischen Tatsachen und Folgerungen gewahrt bleiben. Da jedoch so viele unter ihnen ihrer Phantasie freien Lauf lassen, werden sie mit den von ihnen verschrieenen Romantikern gleichgesetzt. Es trifft sie dann der Vorwurf, der auch den Romantikern gemacht wird: nämlich Übertreibung. In jeder ihrer Personen verkörpern sie nur eine einzige Leidenschaft und statten daher den Mechanismus der menschlichen Seele mit einem einzigen Räderwerk aus. Sie treiben die auf diese Weise ausgesparte Kraft, die gegebene Leidenschaft, bis an die äußerste Grenze. Die Romantiker wie die Realisten können in ihrer Begeisterung den Boden unter den Füßen verlieren. Beide sind gleichermaßen Idealisten, obgleich sie sich in entgegengesetzten Richtungen bewegen. Dabei heißt idealisieren in diesem Zusammenhang eine vorhandene Neigung für sich nehmen und vergrößern, um sie vorherrschen zu lassen. Obwohl beide dieses Ziel verfolgen, vernachlässigen die Romantiker wenigstens nicht die edle Seite des Menschen, die nicht am wenigsten wirkliche und starke. Was den Romantikern fehlt, ist weit weniger das Wahre als vielmehr das unmittelbar erfaßte Wahre.

Nach Ansicht der naturalistischen Romandichter spielt Vererbung bei den intellektuellen und leidenschaftlichen Äußerungen des Menschen eine große Rolle; auch dem Milieu räumen sie einen beträchtlichen Einfluß ein. „Der Mensch ist nicht allein", so meint Zola, „er lebt in einer Gesellschaft, in einem sozialen Milieu, das für uns Schriftsteller unaufhörlich die Phänomene verändert. Die gegenseitige Einwirkung der Gesellschaft auf das Individuum und des Individuums auf die Gesellschaft bietet sich uns als vordringliches Arbeitsfeld an". Das also macht gemäß Zola den experimentellen Roman aus: Den Mechanismus der menschlichen Phänomene erfassen, das „Räderwerk der intellektuellen und sinnlichen Äußerungen" aufzeigen, so wie sie uns die Physiologie unter dem Einfluß der Vererbung und begleitender Umstände erläutert, und schließlich den Menschen zeigen „in dem von ihm selbst geschaffenen, durch ihn täglich sich verändernden sozialen Milieu, in dessen Mitte er seinerseits dauernden Veränderungen ausgesetzt ist".

Welchen Wert besitzt nun diese ganze Theorie des experimentellen, physiologischen und soziologischen Romans? Die antike epische Dichtung erzählte noch das Schicksal von Nationen. Doch das patriotische Gefühl hat sich verändert und das Wort „Nation" ist viel zu umfassend und vielleicht auch zu unklar, um in einem Gedicht angebracht zu sein. So denn kam Victor Hugo auf den Gedanken, daß es möglich sein müßte, Epik umzugestalten, indem man eine des Interesses und Mitleids würdige Klasse von Individuen zu dichterischer Behandlung heranzöge, was zur Entstehung seines Romans „Les Misérables" führte. Doch da der Stoff allzu gewaltig war, wurde das Werk ein wenig weitschweifig. Dies erkennend glaubte Zola indes, der modernen Epik ihre wahre Form dadurch verleihen zu können, daß er den Stoff möglichst knapp zusammenfaßte. Er beschränkte sich auf die Ergründung der einen oder anderen Gruppe innerhalb der verschiedenen Klassen unserer Gesellschaft: in „L'Assommoir" schildert er den Pariser Arbeiter, in „Germinal" den Bergarbeiter. Doch leider ist eine richtige Erfassung der sozialen Tragweite des Romans durch das materialistische Vorbild, das unsere Romandichter unter dem Vorwand des Realismus oder des Naturalismus verfolgen, so beeinträchtigt, daß sie öfter anstatt Menschen nur Rohlinge und Grobiane schildern, womit die „brutale Literatur“ ihre Herrschaft angetreten hat. Zweifellos besteht eine Ähnlichkeit zwischen dem Experimentierer und dem Romandichter; denn beide ersinnen von einer *Hypothese* ausgehend eine ideale Erfahrung, beide sind sie phantasiebegabt und erfinderisch. Es genügt jedoch nicht, eine ideale Erfahrung zu ersinnen, man muß sie auch in objektiver Weise *verwirklichen,* um die vorgefaßte Idee zu *überprüfen,* zumal die Erprobung erst mit der objektiven Verwirklichung und Überprüfung der Hypothese beginnt. Der Romandichter hält sich an die Hypothese, an die vorgefaßte Idee, die in der Wissenschaft genau genommen ein Teil des wahren Idealismus ist: er ersinnt also nur und setzt voraus, aber er *experimentiert* nicht. Man spiele sich also nicht als Experimentierer auf, so lange man als Laboratorium nichts anderes besitzt als seinen eigenen Kopf. Zola mag sich noch so viel auf die Physiologie berufen, aber er ist ein Psychologe, auch wenn diese Feststellung, die für uns ein Lob bedeutet, ihm als eine Beleidigung vorkommen mag. Ist doch auch der Psychologe ein Romandichter: Er erdenkt Charaktere, Leidenschaften, Erinnerungen, Willensakte; versetzt sich in diese oder jene Lage; fragt sich, was er in vergleichenden Umständen getan hat oder tun würde und versucht, hierfür Gesetzmäßigkeiten und Theorien zu finden.

Übrigens werden in diesem Zusammenhang oft Kunst und Wissenschaft verwechselt. Der Romandichter, so heißt es, sei ein Naturalist, er habe nur die Menschen zu beobachten und zu klassifizieren und das sei dieselbe Art und Weise wie die Wissenschaft alle Dinge behandele. Überdies gebe es wie in der Wissenschaft auch in der Kunst nichts Niederträchtiges. Er beobachte die Sitten sowohl in seiner Eigenschaft als Physiologe als auch als Psychologe, um sie wie andere Eindrücke ans Licht zu ziehen. Diese Theorie erscheint uns unhaltbar, weil es falsch ist zu behaupten, die Wissenschaft und der Roman täten ein und dasselbe. Schon allein das Ergebnis ist keineswegs das gleiche. Denn während Wissenschaft langweilig sein kann, muß der Roman interessant sein und wird daher niemals zur wissenschaftlichen Abhandlung werden. Wohl sollte er von wissenschaftlichem Geist durchdrungen sein und angesichts des Fortschritts der Wissenschaften gewissen Ideen und Theorien Rechnung tragen, um die im Roman handelnden Personen verständlich zu machen. Wissenschaft und Philosophie sind derartig tief in unsere moderne Gesellschaft eingedrungen, daß es durchaus berechtigt ist, zu sagen, daß wir die Welt und die Menschen nicht mehr mit den Augen unserer Großväter sehen. Und da es zweifellos zur Aufgabe des Romandichters gehört, die Gesellschaft im Licht der Gegenwart darzustellen, kann er nicht in wissenschaftlicher Unwissenheit verbleiben. Andererseits darf er sich aber auch nicht gelehrter als seine Leser zur Schau stellen, denn dann würde er sie noch weniger interessieren. Ein Roman ist ein Spiegel, der das, was wir begreifen, reflektiert, nicht das, was wir noch nicht begreifen.

Ein nüchterner und einfacher Bericht, sagen wir, die rein wissenschaftliche Schilderung gewisser berühmt gebliebener Experimente Lavoisiers würde sicher nicht imstande sein, uns ästhetisch zu interessieren. Dem könnte nur so sein, wenn Lavoisier selbst und nicht seine Experimente die Hauptsache wären, wenn man die Hartnäckigkeit und den unerschütterlichen Mut dieses Gelehrten hervortreten ließe. Die Wissenschaft hat keinen anderen Zweck als sich selbst. Nur das Ergebnis zählt, nicht der Mensch: er kommt nur als ein Mittel in Betracht, das beiseitegelegt wird, sobald es aufhört, nützlich zu sein. Der ganz und gar dem Menschen zugewandte Roman hingegen wird das Werk des Menschen nur quer durch seine Bemühungen sehen, und deshalb haben im modernen Roman Stoffe Platz finden können, die man als häßlich oder unschicklich anzusehen gewohnt war. Natürlich gehört zu ihrer Darstellung weitaus mehr Kunstfertigkeit als zu der des Schönen, zumal es darum geht herauszufinden, an welcher Stelle das Häßliche aufhört, häßlich zu sein, d.h. in welcher Hinsicht es ein Recht auf unsere Sympathie hat. Vor dem Fortschritt wissenschaftlicher Erkenntnisse begnügte sich der Romandichter bei einer psychologischen Studie damit, den vorhandenen seelischen Zustand zur Kenntnis zu nehmen und ihn zu schildern wie er ihn fand, d.h. ohne Einbeziehung physiologischer Ursachen oder des den Helden umgebenden Milieus. Indem der moderne Schriftsteller seinen psychologischen Studien Erkenntnisse über Physiologie und Milieu hinzufügte, hat er seiner Schilderung der menschlichen Seele mehr Farbe verliehen.

Was nun wissenschaftlich gesehen die Problematik des Ideals betrifft, läßt sie sich gemäß Zola auf die Abweichungen zwischen „dem Unbestimmten und dem Bestimmten" zurückführen. Alles, was wir nicht wissen und uns noch entgeht, ist für ihn „das Ideal", und das Ziel unseres menschlichen Ringens ist es täglich, „das Ideal einzuschränken und die Wahrheit über das Unbekannte zu erobern". Er nennt Idealisten „diejenigen, die sich ins Unbekannte flüchten, bloß weil sie sich gerne darin aufhalten", die nur Gefallen an den gewagtesten Hypothesen finden und es verschmähen, sie einer Kontrolle zu unterwerfen, „unter dem Vorwand, daß die Wahrheit in ihnen und nicht in den Dingen gelegen ist" (Le roman expérimentale, S. 33–37). Philosophisch gesehen erscheint es uns unzulässig, das Unbestimmte und Unbekannte zum „Ideal" zu erheben, nicht weniger, ihm den Namen des Phantastischen oder des Falschen beizulegen. Das Ideal ist nichts anderes als die auf ihre höheren Bestrebungen hin gewürdigte Natur, es ist der Abschluß, auf den die Entwicklung hinzielt. Offensichtlich bedient sich der zeitgenössische Realismus der gleichen Verfahren, die die klassischen Ideale charakterisieren, nämlich Vereinfachung, Abstraktion und unumschränkte Verallgemeinerung. Nur anstatt wie die klassischen Idealisten das anschaulich Häßliche auszuschließen, schließt man das anschaulich Schöne oder zumindest das Schöne intellektueller und psychischer Art aus, um nur noch das Tierische und Materielle zu belassen. Zola z.B. interessiert sich mit Vorliebe und fast ausschließlich für das Tier im Menschen und in jedem menschlichen Typ für das sich in ihm verbergende Tier. Alles übrige schließt er im Gegensatz zu den eigentlich idealistischen Romandichtern aus.

Als weiteren Charakterzug des heute bei den Romandichtern modischen metaphysischen „Systems" läßt sich *Pessimismus* erkennen. Für die meisten Realisten scheint die Menschheit aus „Bestien", Verrückten und Schurken zu bestehen. Obgleich uns unsere Realisten versprochen haben, das *wirkliche* Leben zu schildern, zeigen sie in Wahrheit nur Ungeheuerlichkeiten, d.h. insgesamt Ausnahmen. Anstatt mit Wundern an Tugend haben wir es mit Wundern an Scheußlichkeit zu tun und kommen damit nicht aus dem Außergewöhnlichen heraus. Es entstehen gekünstelte, der Wirklichkeit nicht entsprechende Figuren mit Zeichen auf der Stirn. Insoweit sich der Realist auf die Soziabilität der Gefühle beruft, wird er in seinem Bestreben nach absoluter Zurückhaltung voreingenommen: er bemächtigt sich als Stützpunkt antipathischer Naturen, anstatt sich den sympathischen zuzuwenden. Die einzige Entschuldigung der Realisten (eines Zola wie eines Balzac) ist, daß sie vor allem die Menschen in ihren sozialen Beziehungen haben schildern wollen, daß sie „soziologische" Romane verfaßt haben. Gewiß ist das soziale Milieu in der Realität eine zwischen allen Tiergattungen vorherrschende Fortsetzung des Kampfes ums Leben. Indes ist der Wettkampf zwischen den Individuen weniger schrecklich, wenn auch unablässiger, weil es nicht um Vertilgung sondern um *Konkurrenz* in allen ihren Formen geht. Allerdings sollte man die Rolle, die die Konkurrenz bei sozialen Beziehungen spielt, nicht übertreiben. Schließlich gibt es ja auch noch *Kooperation.* Darüber aber gehen die Realisten schlicht hinweg.

Um die verschiedenen Schichten der Gesellschaft darzutun, muß nach Ansicht Turgenjews eine gute Romangeschichte sozusagen auf drei übereinanderliegenden Ebenen angesiedelt sein. Auf die erste gehören – ebenso wie im Leben – die tadellosen Geschöpfe, die in jeder Beziehung zum Ziel gelangten Typen einer ganzen sozialen Gattung. Auf der zweiten Ebene befinden sich die mittelmäßigen Geschöpfe, wie sie Natur und Gesellschaft in Hülle und Fülle liefern, und auf der dritten dann die wunderlichen, absonderlichen, mißratenen Geschöpfe, dieser unvermeidliche Abfall aus der Fülle grausamer Erfahrungen. Wenn auch in Sachen Kunst keine Regel absolut sein kann, so bestätigt sich doch hier die Ausnahme, da die Realisten sich mit vorgefaßter Meinung nur an die Grotesken, Lasterhaften, Mißgestalteten halten, wodurch ihre „Gesellschaft" unvollständig wird.

Ein dritter Punkt des philosophischen „Systems", mit dem die Realisten die Beobachtung der Wirklichkeit ersetzen, ist der *Fatalismus.* Zola verwahrt sich hiergegen auf das energischste. Er führt aus, daß der Romandichter kein Fatalist sondern ein Determinist sein muß, da dies die Quelle seiner Unparteilichkeit sei. Wir zeigen den Mechanismus des Nützlichen und des Schädlichen, schreibt Zola in „Le roman expérimental“ (S. 24), wir legen den Determinismus der menschlichen und sozialen Phänomene frei, so daß man sie eines Tages beherrschen und leiten könne. Nun ist aber zu bedenken, daß der „soziale circulus“ mit dem „vitalen circulus“ identisch ist, daß in der Gesellschaft wie im menschlichen Körper eine Solidarität besteht, die die verschiedenen Mitglieder ebenso wie die Organe derart miteinander verbindet, daß wenn ein Organ verdirbt, viele andere in Mitleidenschaft gezogen werden und eine außerordentlich verwickelte Krankheit ausbricht. Demzufolge verfährt man in den Romanen – „wenn man mit einer schweren Wunde, die die Gesellschaft vergiftet, experimentiert“ – wie der experimentierende Arzt: man erforscht, man wendet das widerliche Gebiet des Lebens hin und her, versucht, die schlichte anfängliche Determinante zu finden, um dann zu den mehr komplexen zu gelangen, deren Wirkung später eingesetzt hat. Beispielsweise entstehen in Zolas „La Cousine Bette“ durch die verliebte Gemütsart des Baron Hulot alle möglichen nebensächlichen dramatischen Situationen und am Ende die Vernichtung einer ganzen Familie. Zola mag in seinen theoretischen Schriften ein ausgezeichneter „Professor des realistischen Romans“ sein, aber in seinen eigenen Romanen ist er Fatalist und nicht Determinist. Hat der Autor von „Nana“ doch jedwede Wirkung der Willenskraft, jedweden intellektuellen und moralischen Determinismus zugunsten eines physiologischen unterdrückt; hat er doch systematisch jedwedes persönliche Moment in den Gleichungen der Verhaltensweisen ausgeschaltet. Seine Personen sind ebenso wie die Balzacs „Kräfte der Natur“. Sie sind nicht mit wahrer Willensstärke ausgestattet und zeigen außer den Kräften der Begierde weder die der Gefühle noch die der Gedanken.

Es steht zu befürchten, daß die sozialen Wirkungen des Realismus, auf die unsere Romanschriftsteller so stolz sind, ihren guten Absichten als *Moralisten* und *Soziologen* zuwiderlaufen. So gut es auch ist, den nicht zu beschreitenden Weg zu zeigen, so ist es vielleicht noch besser, auf den richtigen hinzuweisen. Der naturalistische Roman widerspricht dem alten Gebot: „Außerhalb des

Tempels und der Opferfeierlichkeiten zeige man keine Eingeweide." Er zertrümmert die Gewölbe des Tempels der Kunst, um ihn der Welt gleich zu machen. Kopf und Denken verschwinden schließlich zum Vorteil der Eingeweide, und alle physiologischen Funktionen erwerben Bürgerrecht in der Kunst. Der Romandichter ist durchaus berechtigt, für dasjenige, was man bisher ganz einfach „die Liebe" nannte, wissenschaftliche Ausdrücke zu verwenden und sie uns unter wissenschaftlichem Aspekt zu zeigen. Doch gilt es zu bedenken, daß sich auch unter den Wissenschaftlern Vulgarisatoren finden, die mit Wohlgefallen schlüpfrige Themen behandeln und dabei einen ganz anderen Zweck verfolgen, als rein wissenschaftliche Arbeiten zu leisten: sie wollen einfach einen Bucherfolg erzielen. Viele Realisten haben es ihnen nachgemacht. Doch die Wissenschaft ist niemals unzüchtig, weil sie in uneigennütziger Absicht forscht; sie kennt nicht das Gefühl der Scham. Unsere modernen naturalistischen Autoren kennen es hingegen sehr wohl. Sie wissen sehr gut, wie man es verwundet und tun es oft mit Vorbedacht, um einen jener Skandale zu erregen, die sich auch für sie in Bucherfolge umsetzen. Ihnen zufolge möchte man fast glauben, der „Zeugungsinstinkt" sei die ständige Sorge des menschlichen Geschlechts. Da haben wir z.B. ermattete, erschöpfte, durch stundenlanges Arbeiten in der Tiefe eines Schachtes fast betäubte Bergleute, und wenn sie nach Hause kommen, was haben sie einzig und allein im Sinn – den Zeugungsgedanken. Selbst nachdem er sieben Tage lang in der verschütteten Grube von Angst und Hunger gepeinigt zugebracht hat, denkt der Held in Zolas „Germinal" noch daran, diesen Trieb zu befriedigen. Und während ihn eine Ohnmacht befällt, die vielleicht seinen Tod ankündigt, setzt sich in seinem Kopf die Idee fest, Catherine könnte wohl schwanger geworden sein. Wenn solche Themen schonungslos abgehandelt werden, dann sind in der Tat wissenschaftliche Qualitäten am Platze: darunter Genauigkeit, aber auch Einfachheit und Bündigkeit. An Genauigkeit fehlt es unseren naturalistischen Dichtern gewiß nicht, aber sie sind weit davon entfernt, kurz und bündig zu sein. Sie behandeln das Thema überreichlich, treten nicht nur die natürliche Liebe breit, sondern gefallen sich auch noch in umständlichen Schilderungen anormalen Liebesverhaltens. Bemerkenswerterweise glauben die Modernen, daß sie das Abstoßende dieser wenig natürlichen Liebesgefühle durch lyrische Ergüsse maskieren können. Erst Théophile Gautier, dann Zola und selbst der feinfühlige Daudet sowie viele unserer modernen Romandichter haben mit Vorliebe Probleme unnatürlicher Liebe behandelt. Anstatt Interesse zu erwecken, erhöht dieser Akzent nur die Abneigung und raubt dem Werk jedweden ästhetischen Charakter. Wenn man Themen dieser Art behandelt, muß man dabei verfahren wie der Arzt, der eine Wunde besichtigt oder einen Krankheitsfall verfolgt – denn eine Beule schmückt man nicht mit Blumen.

Zweites Kapitel

Die Einbringung philosophischer und sozialer Ideen in die Poesie

(Teil 1)

I.
Poesie, Wissenschaft und Philosophie

Es ist für das Denken und die Literatur unserer Zeit charakteristisch, daß allmählich philosophische Ideen in sie eingedrungen sind. Wohl verstanden schließen sich die Theorie des „l'art pour l'art" und diejenige, die der Kunst eine moralische und soziale Funktion zuweist, einander nicht aus. Es ist also recht und gar notwendig, daß der Dichter an seine Mission glaubt und eine Überzeugung hat. Selbst vom rein ästhetischen Standpunkt aus gesehen ist es von Bedeutung, eine *Überzeugung* zu besitzen, denn sie drückt dem Denken eine gewisse Einheit auf, ein Zusammenwirken auf ein Ziel hin und folglich eine Anordnung und ein Maß. Auch ist Überzeugung der Leitsatz der Aufrichtigkeit und der Wahrheit, die nicht nur das wesentliche der Kunst sind, sondern obendrein das einzige Mittel, Emotion hervorzubringen und Sympathie zu erwecken. Schließlich läßt sich die soziale und philosophische Rolle der Poesie und der Kunst nicht verkennen. „Der Dichter ist Seelsorger", hat Victor Hugo gesagt, und hadert mit den Verfechtern des „l'art pour l'art", weil sie es verschmähen, das Schöne als die höchste Wahrheit anzuerkennen und gleichzeitig ihre soziale Nützlichkeit zu betonen.

Eine Theorie, die der Kunst Teilnahmslosigkeit zuschreibt, gibt es nicht. Selbst „l'art pour l'art" würde dann nur noch Kunst um der *Form* willen sein. Wir sind einfach nicht imstande, einer Doktrin zuzustimmen, die der Kunst ihre Aufrichtigkeit zu entziehen scheint. Victor Hugo hatte weit besser als seine Nachfolger begriffen, daß der von der Schilderung untrennbare Gedanke der eigentliche Gehalt der lyrischen Poesie ist. Die Kunst läßt sich nicht ausschließlich um ihrer Form willen pflegen, auch dem sie umhüllenden Kern wird man Zuneigung bezeugen müssen. Wie Victor Hugo sagte: „Die Poesie ist das Intime in allem", sie ist „in den Gedanken gelegen und diese entspringen der Seele. Es ist die Poesie der Seele, die ebenso wie sie edle Gefühle und Taten bewirkt und so auch zu edlen Schriftwerken führt" (aus dem Vorwort zu „Odes et Ballades", 1822).

Die großen Dichter und Künstler werden eines Tages wieder die Anreger der Massen sowie die Priester einer Religion ohne Dogma werden. Sicherlich hat der wahre Poet nicht so unrecht, wenn er sich ein wenig für einen Propheten hält, zumal jeder bedeutende Mensch in sich etwas von einem Seher spürt, indem er seinen eigenen Genius empfindet. Es wäre absonderlich, wollte man bedeutenden Menschen das Bewußtsein ihres eigenen Wertes verweigern.

Da sich die dogmatischen Religionen als immer unzulänglicher erweisen, um unser Bedürfnis nach einem Ideal zu befriedigen, wird es an der Kunst zusammen mit der Philosophie sein, sie zu ersetzen, und zwar nicht um ihr Lehrsätze zu entlehnen, sondern um aus ihr Eingebungen für das Gefühl zu empfangen. Moralität und Glückseligkeit können hiervon nur profitieren. Wer nicht das in der Kunst gelegene Vergnügen kennt und sich nur der viehischen Roheit hingibt, für den gibt es sowieso nur ein einziges Vergnügen auf der Welt, nämlich Essen und Trinken. Es ist das Privileg der Kunst, nichts zu „beweisen" und doch etwas Unwiderlegbares unserem Geist zuzuführen. Nichts kann über das Gefühl die Oberhand gewinnen. Der Wissenschaftler mag über die Tränen des Dichters lachen soviel er will, aber selbst im nüchternsten Geist erwachen bisher stumm gebliebene Gedanken wie ein Chor mit unzähligen Stimmen. Der wahre Dichter ist eben der, dem es gelingt, diese Stimmen wachzurufen.

Die abstrakten Gestaltungen der Philosophie und der modernen Wissenschaft sind für die Sprache der Verse nicht geeignet. Nur insoweit die Philosophie das Problem unserer ureigenen *Existenz* und unserer individuellen oder sozialen *Bestimmung* aufwirft, ist sie in der Lage, zu begeistern. Man vergleiche eine noch so schöne poetische Beschreibung mit einem Werk, das durch eine Idee oder ein wahrhaft erhabenes und philosophisches Gefühl inspiriert ist, und die rein deskriptiven Verse werden zurückstehen müssen. Hingegen sind falsch verstandene, wissenschaftliche Verse nichts anderes als Beschreibungen langweiliger Dinge. Die Wissenschaft setzt sich aus einer bestimmten Anzahl von Gedanken zusammen, die das Begriffsvermögen ganz und gar erfaßt; sie markiert einen Triumph und eine Pause des Verstandes. Im Gegensatz hierzu ruft die Poesie eine Menge von Gedanken und Gefühlen hervor, die den Geist verfolgen, ohne alle auf einmal erfaßt werden zu können: sie ist eine Eingebung, ein Zustand fortwährender Anregung. Die Poesie ist der auf den nebligen, sich bewegenden und unbegrenzten Grund der Dinge geworfene Blick. Während die Wissenschaftler stets versuchen, Antworten auf unsere Fragen zu finden, sucht der Dichter uns durch die Frage selbst einzufangen. Etwas durch Beweisführung oder Erfahrung gefunden haben, das ist Wissenschaft, etwas durch Vorstellungskraft fühlen oder ahnen zu lassen, das ist erhabenste Poesie. Natürlich können auch Wissenschaft und vor allem Philosophie sich als poetisch erweisen. Einmal durch das Gefühl für die großen bekannten Dinge, für die weiten offenen Gesichtskreise, zum anderen durch das Vorgefühl für noch größere unbekannte Dinge, für Umkreise, die sich nur in ihren Anfängen erkennen lassen.

Die moderne wissenschaftliche Gestaltung ist nicht minder ästhetisch als die falsche Vorstellung der Alten. Denn die philosophische Idee von der allumfassenden Entwicklung liegt in der Nähe jener anderen Idee, auf der die Poesie beruht, nämlich dem allumfassenden Leben. Lebt doch auch das sich bewegende Firmament, ereignen sich doch in dem scheinbar unbeweglichen Himmelsgewölbe Vorgänge, die dem Schauspiel des Lebens auf der Oberfläche unseres Erdballs durchaus ähnlich sind. Die Evolution setzt sich bis ins Unendliche fort, und indem die Wissenschaft sie uns überall zeigt, ersetzt sie die relative Schönheit alter Auffassungen durch eine der letzten Wahrheit näher liegende neue Schönheit, von der die Astronomen als dem absoluten Himmel sprechen. Was als das unsere Geistesgaben umhüllende ewige und allumfassende Mysterium der Wissenschaft verborgen bleibt, präsentiert sich für die Philosophie als ihr poetischer Hintergrund. Das von der Philosophie erkannte Bewußtsein unserer Unwissenheit wird stets eines der anregenden Gefühle der Poesie sein.

Unsere französische Poesie ist in unserem Jahrhundert glücklicherweise immer mehr durch philosophische, moralische und soziale Ideen belebt worden. Es erscheint uns wichtig, eine solche Entwicklung gerade jetzt aufzuzeigen, wo wir mit einer poetischen Dekadenz konfrontiert sind, die fast nur noch Formspielereien kennt. Mit Lamartine befinden wir uns noch näher der Theologie als der Philosophie, noch in der Nähe der verschwommenen Religiosität eines Racine, eines Rousseau und eines Chateaubriand. Mit de Vigny und Musset verlassen wir schon Gemeinplätze und erbauliche Predigten, um dann bei Victor Hugo prophetischem Enthusiasmus entgegenzutreten. Vor allem werden wir uns mit Victor Hugo befassen, da dieser am längsten unter uns gelebt und somit in seiner Person am längsten das neunzehnte Jahrhundert repräsentiert hat.

II.
Lamartine

Die noch allzusehr rednerische Philosophie Lamartines zeichnet sich nicht durch sonderliche Originalität aus. Sie gründet sich auf Christianismus und Platonismus, womit nicht gesagt sein soll, daß jede vom Dichter in Verse gesetzte philosophische Idee unbedingt von ihm selbst herrühren müsse. Eher kommt es ihm zu, alles zu streifen und zu verstehen, da es in der Natur des Dichters liegt, der Spiegel einer Generation und einer Epoche zu sein. Seine Zweifel oder Anschauungen findet er wie jeder von uns fast immer in der uns umgebenden Welt. Da nun aber seine Kunst gerade darin besteht, alle Dinge durch Beseelung zu verdeutlichen, bleibt es unentbehrlich, daß er die Idee erneut durchdenkt, um sie sozusagen zu der seinigen zu machen. In diesem Sinne läßt sich sagen, daß es vielleicht gar nicht schlecht ist, wenn der Dichter sich selbst täuscht und sich schließlich in gleichem Maße für den Schöpfer gewisser Gedanken als auch der ihnen verliehenen Form hält. Der Dichter, der sich mit der bloßen Wiedergabe von Gedanken begnügt, verurteilt sich von vornherein zur Empfindungslosigkeit. Er würde nur eine Arbeit verrichten, nicht aber ein echtes Kunstwerk schaffen. So ist es um Lamartine bestellt. Zwar sind seine Gefühle durchaus echt, doch wird der philosophische und religiöse Gedankengang eher „in Versen wiedergegeben", als spontan und lebendig hervorzutreten. Zweifellos handelt es sich um leichte, fließende, poetische Verse, sie bleiben aber dennoch nichts anderes als Wiedergaben in geschickten sprachlichen Wendungen.

Mit Lamartine beginnen die Entdeckungen der Wissenschaft in die Poesie einzudringen und werden dort nicht ohne eine gewisse Anstrengung verwertet. Findet sich doch die wahre Poesie in den großen philosophischen Symbolen und selbst in den Mythen wieder, gar nicht davon zu sprechen, daß sich die poetische Vorstellungskraft mit der religiösen vermischt, zumal die Poesie eine freie Religion und als solche nur halb das Opfer einer Selbsttäuschung ist. Die Religion läßt sich als eine zu einem System vereinigte Poesie ansehen, die ihre Vorstellungen wirklich zu sehen glaubt und ihre Mythen für Wirklichkeiten hält. Jedoch Lamartine kennt nur die allzu kühle Form der Allegorie oder der Fabel. Zwar zeigt sich bei ihm schon „Weltschmerz", jedoch ohne jemals die Stärke seiner Eingebungen durch irgendeinen Mißklang zu entstellen. Byron, der auf Lamartine einen großen Einfluß ausübte, hatte alle aus dem Leid abgeleiteten Vorwürfe gegen Gott in einigen Zeilen des „Kain" konzentriert wiedergegeben. Als Abel fragt: Warum betest du nicht?, antwortet Kain: Ich habe nichts zu erbitten. – Und auch nichts, sagt Abel, wofür du Gott danken mußt. Lebst du denn nicht?, worauf Kain ihm antwortet: Muß ich nicht auch sterben? Obwohl dieser ausgesprochene Pessimismus der Gemütsart Lamartines nicht entsprechen konnte, hat das Problem des Schmerzes sein Denken fortwährend und so intensiv als nur möglich heimgesucht.

Da Lamartine mehr der Seelenruhe der Klassiker zugetan war, verspürte er nur sehr wenig von den Agitationen der Modernen und bleibt daher nur recht oberflächlich von allen den moralischen, philosophischen und religiösen Fragen berührt, die unsere zeitgenössischen Dichter in so hohem Grad beschäftigen sollten. Alles ist in seiner Poesie friedlich, sanft und rhythmisch dahinfließend wie das Geplätscher des Meeres in lauen Sommernächten. Nur Melancholie verhüllt leicht die unwandelbare Heiterkeit des Dichters. Seine Verse rufen Erinnerungen an helle Mondnächte wach, an die Frische der Brisen, an das gedämpfte Licht der Sonnenstrahlen unter den Bäumen. Trotz des unaufhörlichen Bemühens, Erhabenheit und Größe zum Ausdruck zu bringen, bleibt alles bei ihm Anmut, zarter Halbton und Sorglosigkeit.

III.
De Vigny

Vignys Philosophie ist der Pessimismus. „Nur das Böse", sagt er, „ist rein und unvermischt mit dem Guten, während das Gute stets mit dem Bösen vermischt ist. Das übertriebene Gute bringt das Böse hervor, das übertriebene Böse nicht das Gute." Von hier aus ist es nicht weit zu glauben, das Böse sei der Boden der Existenz und das Gute spiele darin nur die Rolle des Zufalls. Es ist also mit dem Guten und dem Glück nicht zu rechnen, es ist nichts zu erhoffen. Und so heißt es denn auch weiter bei Vigny: „Es ist gut und heilsam, sich keinerlei Hoffnung zu machen . . .; vor allem die Hoffnung muß im Herzen des Menschen vertilgt werden. Eine friedliche Hoffnungslosigkeit, ohne krampfhaften Zorn und ohne Vorwurf gegen den Himmel ist die Weisheit selbst". Dieser Pessimismus endet bei einem Stoizismus, ausgedrückt in den Worten: „Es ist verwerflich und feige, sich in einem edlen Schmerz zu verschwenden, wenn man nicht auch in entsprechendem Maße zu leiden vermag. Es gilt darüber nachzudenken und sich mutig in diesen Degen zu stürzen". Der hier zum Ausdruck kommende stoische Stolz entbehrt nicht eines gewissen Hochmuts, zumal Vigny darin würdevoll den Kernpunkt der Ehre erblickt. Leiden solle man wie eine Auszeichnung anerkennen.

Eine weitere auf Pessimismus beruhende Idee läßt Vigny in dem von Gottes Gnade herrührenden Genius eine Verurteilung zu Einsamkeit und Unglück sehen. Wurde nicht Christus selbst, der sanfteste und an Liebe reichste der Geniusse von seinem Vater verlassen? Alfred de Vigny sieht in ihm das Symbol der gesamten von ihrem Gott verlassenen Menschheit. Gott ist stumm, er ist für uns das ewige Schweigen und die ewige Abwesenheit – antworten wir ihm mit demselben Schweigen als Zeichen unserer Geringschätzung. Während Lamartine zu denjenigen gehört, die Gott in der Natur zu schauen glauben, ist Vigny mit Pascal der Meinung, daß die Natur Gott verberge. Sie gewähre nicht jenen tröstenden Anblick, den Lamartine ihr zuschreibt, sondern sei im Gegenteil verdrießlich. Von der Liebe, so meint Vigny, müssen wir eine gewisse Linderung für unsere Leiden fordern, nicht von der Natur. Diese Personifizierung der Natur auf ihrem Wege ins Unendliche ist bei Vigny weitaus poetischer als die abgemessenen, von vornherein genau angeordneten Bewunderungen Lamartines für die Schöpfung und den Schöpfer. Aus dieser Vision des ewigen und ewig gleichgültigen Alls ist einer der originellsten und tiefgründigsten Gedanken hervorgegangen, der da sagt: Nicht das Ewige sondern das Vergängliche muß man lieben, weil es leidet. Anstatt sich in glückselige Bewunderung des Optimismus für die große sorglose Natur zu verlieren, anstatt zu hätscheln, was nicht fühlt und nicht liebt, sind unsere Zärtlichkeiten dem Mitmenschen vorzubehalten. Und wenn es jenseits der Natur erhabene und wahrhaft göttliche Wesen geben sollte – einen Gott, Götter oder Engel –, so würden sie nur ein Mittel haben, ihre Göttlichkeit zu beweisen, nämlich zu uns herniederzusteigen, um an unseren Leiden teilzunehmen und uns um dieser Leiden, ja selbst um unserer Fehler willen zu lieben. Es gibt also letzten Endes nichts Wahres und Kostbares außer der Liebe – alles übrige ist Unwahrheit und Hohn.

Abgesehen von einer gewissen in diesem Pessimismus gelegenen aristokratischen Ziererei, scheint sich bei Vigny der Weltschmerz immer mehr zuzuspitzen. Noch handelt es sich um einen ersten Anstoß, der dank der wohlgestalteten Unbesorgtheit der Vorfahren mit Beherztheit ertragen wird. Doch je länger die Wirkung dauert, um so mehr gerät die Empfindsamkeit außer sich. Bei Musset werden wir bald den Aufschrei des Leidens und lautes Schluchzen vernehmen.

IV.
De Musset

Leidens-, Lebens- und Schicksalsprobleme finden in mannigen Versen Mussets ihren tiefen Gefühlsausdruck. Weniger bitter als Vigny bleibt Musset der Revolte fern: er verachtet nicht, sondern beugt sich und vergißt oder versucht zu vergessen. Und da ihm das nicht gelingen will, hält sich sein Glaube und seine Philosophie an die Hoffnung. Wenn Vergessen immer im Bereich der Möglichkeit läge, dann wäre es für ihn das Heilmittel für alle Leiden. Man könnte von Musset als von einem großen mit Genie ausgestatteten Kind sprechen. Besitzt er doch die wechselnde, manchmal gar eigensinnige Launenhaftigkeit, die Lebhaftigkeit, den Anmut und die lustige Ungezwungenheit des Kindes. Für ihn „steht der Flieder im Frühling immer in Blüte". Er freut sich und grämt sich über alles, und zwar ohne Übergang, meistens gleichzeitig. Auch weiß er wie das Kind niemals, ob er weinen oder lachen soll. Allem Anschein nach war er sich der Verwandtschaft zwischen ihm und „diesem Alter", das er, wie er uns gesteht, immer „bis zum Wahnsinn" geliebt hat, bewußt. „Meiner Ansicht nach muß man die Kinder verwöhnen", fügt er schnell hinzu. In der Tat ist Musset der bezaubernde und verwöhnte Dichter, der selbst in den griesgrämigsten Abhandlungen einen Platz findet. Wir lieben ihn sowohl um seiner heiteren Geistesblitze willen als auch angesichts seiner Schwermut, die selbst seinem Lächeln entschlüpft. Die Wandelbarkeit des Dichters vermittelt uns die Veränderlichkeit der Umstände oder vielmehr ihre fortwährende Verkettung.

Sein Geständnis, „geschluchzt zu haben wie ein Weib" zeigt, daß er den täglichen Leiden und der Angst vor dem Unbekannten kraftlos gegenübersteht. Hin und her gezogen zwischen denen, die glauben, und denen, die verneinen, unfähig, absolute Gewißheit zu finden und ebenso unfähig, sich auch nur für einen Augenblick mit dem Gedanken vertraut zu machen, daß Hoffnung vergeblich sein könnte, sucht er seine Zuflucht im Vergessen. Stets ist er darauf bedacht, sich zu betäuben, doch da er es nicht kann, bedauert er sich und jammert wie ein leidendes Kind. Und genügt ihm das nicht, vor allem, wenn er sich zum äußersten getrieben sieht, dann wird Hoffnung zu einem Glaubensakt, nicht weil er glaubt, darauf ein Recht zu haben, sondern weil es nicht in seiner Macht liegt, die Hoffnung zu unterdrücken. Seine Philosophie ist die eines in Ungestüm, Notschreien und Tränen gebetteten Leidenden, und vielleicht ist gerade dies jene ewige Philosophie, die nie wie dieses oder jenes System vergehen wird. Bei Musset sucht man vergeblich nach einem kraftvollen und ununterbrochenen Gedanken, wogegen sich einwenden ließe, daß es sich niemand angelegen sein lassen wird, eine Reihe von schließenden Gedanken in Verse zu setzen. Indes sollte nicht vergessen werden, daß es schließlich die großen Gedanken sind, die die große Poesie ausmachen und Mussets wirklicher Wert bei aller seiner Eleganz und Anmut nicht im Getändel gelegen ist, sondern in dem aufrichtigen, bisweilen herzergreifenden Ausdruck des seelischen Leidens und der Angst des Zweifels.

Die Folge einer ruhelosen Erforschung des Jenseits ist ein allmähliches Verblassen des Glaubens an die Wirklichkeit der Welt: „Diese Welt ist ein großes Trugbild“, eine „Erdichtung“. Es ist die Hindu-Theorie der allumfassenden Maiá, wie sie von Schopenhauer wiedergegeben wurde. Nur Schmerz und Tränen bleiben, um uns für einen Augenblick dieser Welt zu entreißen und das Jenseits zu bezeugen, denn weinen heißt sein ganzes Elend fühlen und sich darüber erheben. Von dorther rührt bei Musset die so oft wiederkehrende wohlbeachte Verherrlichung des Leidens. Auch die Tiefe der Liebe steht für ihn in direktem Verhältnis zum Schmerz, den die Liebe erzeugt und in uns hinterläßt: Lieben heißt leiden, und leiden heißt wissen; selbst Lachen oder Spott vergehen in Schwermut. Letztendlich waren Musset Liebe, Güte und so auch Schönheit wahrer als die Wahrheit selbst, eine Auffassung, die die Herkunft seiner Ästhetik vermuten läßt.

Drittes Kapitel

Die Einbringung philosophischer und sozialer Ideen in die Poesie

(Teil 2)

Victor Hugo

Mit Victor Hugo wird die Poesie wahrlich sozial, weil sie auf allen Gebieten die Gedanken und Gefühle einer ganzen Gesellschaft zusammenfaßt und widerspiegelt. Wenn sich auch dem Werk Hugos eine gewisse metaphysische, moralische und soziale Doktrin entnehmen läßt, darf er dennoch nicht als ein „Philosoph" angesehen werden. Eher ist festzuhalten, daß er ein Denker war und nicht nur, wie oft gesagt wird, ein mit Einfallsreichtum ausgestatteter Mensch – es sei denn, man wolle nicht wie er selbst zwischen dem Denker und dem Träumer unterscheiden: „Der erste *will*", sagte er, „der zweite *erleidet*". Wenn dem so sein sollte, dann müssen wir Victor Hugo als einen hochfliegenden Träumer sehen, zumal diese Art tiefgründiger Träumerei das charakteristische Merkmal vieler Genies ist, die sich von ihrem Denken eher fortreißen lassen, als es zu meistern.

Wenn man bedenkt, wie wenig *Wollen* und wie viel *Erleiden* das im Besitz der Menschheit vorhandene Erbe an Ideen ausmacht, wird man zu dem Schluß gelangen, daß Menschen, die wie Hugo ihr Denken erleiden, bisweilen mehr Bedeutung haben als andere, die es nur zu gut nach den Regeln eines gewöhnlichen gesunden Verstandes leiten. Die scheinbare Stärke der mit gesundem Menschenverstand Ausgerüsteten rührt oft nur von der Schwäche ihres sich in den ausgetretenen Bahnen der Routine bewegenden Denkens her, von der sie sich nicht befreien können. Alle, denen das Schicksal eines Propheten zuteilgeworden ist, alle, die „das Morgenrot geahnt" haben, sind Träumer gewesen; denn jedwede Voraussehung scheint sich gerade dann von der Wirklichkeit zu entfernen, wenn sie sie jenseits der Gegenwart bemerken.

Es rührt von der Vielseitigkeit des Genies her, daß wir uns in ihren Werken hier oder dort selbst wiederfinden, daß man sich fast bestürzt in manchen Dichtungen selbst gegenübersteht und seine persönlichsten Empfindungen sowie seine intimsten Gedanken wiedererkennt. Manchmal tönt uns gar wie ein Echo unsere eigene Sprechweise entgegen oder, besser gesagt, sind wir selbst nur ein Echo: wir wurden erahnt, unser Leben ist mit hundert anderen vom Dichter gelebt worden. Eine große Persönlichkeit schöpft sozusagen sein Jahrhundert im voraus aus und die nach ihm kommen, werden ihn nur wiederholen, da er ihre Gedanken und Gefühle bereits erahnt hatte. Wenn Victor Hugo diese Universalität auch nicht vollkommen erreicht hat, so kommt er ihr in seinen großen Werken doch recht nahe.

1. Das Unerforschliche

Victor Hugo hat wie unsere moderne Gesellschaft ein Empfinden für dasjenige gehabt, was man heute das Unerforschliche nennt. Der Geist findet für ihn gleichzeitig seine „Eklipse" und seinen „Beleg" in dem ewigen Mysterium, das er zwar nicht durchschauen kann, wohl aber ersinnt. Er will das allumfassende Mysterium in allen seinen Formen darstellen, im unendlich Kleinen wie im unendlich Großen, im leuchtenden und im dunklen Himmel, im Tage und in der Nacht. Er hat den „tiefen Schauder aller Dinge" empfunden. Durch die Versenkung in das Unbekannte zeigt sich nach Hugos Aussage ein erhabenes Phänomen, nämlich: „Die Erweiterung der Seele durch die Bestürzung, ein für den Menschen charakteristischer heiliger Schrecken, den das Tier nicht kennt". Indes ist diese über alle unsere Vorstellungen hinausgehende Unendlichkeit nur für unsere Vorstellungskraft unsicher, denn in Wirklichkeit lastet sie wie eine universale Notwendigkeit auf uns allen. Was ist also angesichts dieses Unerforschlichen, das gerade das Wirkliche ist, zu tun? Sollen wir versuchen, es uns vorzustellen? Nein, sagt Hugo, denn vor dem Unsäglichen werden Gedanke und Wort stets machtlos bleiben. Wohl sind wir alle „wirkende Kräfte in diesem unermeßlichen Werk", aber Zeugen des Werkes selbst vermögen wir nicht zu sein. Was ist dann also im Grunde genommen das Leben?: „Ein unbeschreibliches Bemühen im Unbekannten". Man forscht nach Zielen und findet keine. Die unaufhaltsam dahinrollende Zeit, das unermüdliche Wasser, die „vielgeschäftigen" Wolken, das „gewaltige verborgene Streben" – alle diese Umwälzungen bleiben ein Rätsel. Ewig wie Flut und Ebbe, meint Hugo, werden sich uns die Fragen stellen: Was bewirkt dies beständige Beben? Was gestalten diese Böen? Was erbauen diese Erschütterungen? Ist doch die sittliche Welt, wo vor allem Maß und Ordnung herrschen sollten, nicht weniger verworren und unklar. Auch wenn es inmitten aller dieser wunderbaren Erscheinungen, aller dieser „Visionen" Dinge gibt, die sich über die anderen erheben und einen höheren Grad von Wirklichkeit zu besitzen scheinen, vergehen unsere Ideen, Tugenden, Träume und Hoffnungen, so wie alles andere. Von allen Seiten hüllt uns die Nacht ein und so unermeßlich steht das Unerforschliche vor uns, daß es selbst die Unendlichkeit von Raum, Zeit und Universum überragt.

Wenn der Mensch nur ein Beschauer wäre und in ihm nur eine „spekulative Vernunft" vorherrschen würde und nicht ein mit „praktischer Vernunft" ausgerüstetes agierendes Wesen, könnte man in ihm zweifelsohne einen Manichäer sehen. Er könnte dann nur die universelle Antithese von Gut und Böse, von Licht und Schatten feststellen, ohne von diesem Bedürfnis nach dem Ganzen erfaßt zu sein, das sich besonders zwingend zeigt, wenn es sich um das Ganze des Guten handelt. Der Gegensatz zwischen der „Einheitlichkeit des Guten" und der „Allgegenwart des Bösen" hat Victor Hugo stets erschreckt und ließ ihn sich im Bereich des Gedanklichen zum Manichäismus hinneigen. Für ihn sind wie bei den Denkern der Antike Licht und Schatten das Symbol für die große kosmische Antithese zwischen dem Guten und dem Bösen. Was das Verhältnis von Schatten und Licht betraf, ging Hugo davon aus, daß es der Schatten und die Nacht sind, die auf unserer Welt lasten und ihr zugrundeliegen scheinen. Das Licht und der Tag sind ihm nur in Raum und Zeit beschränkte vorübergehende Zufälle. Die funkelnden Sterne sind nur verschwindend kleine Pünktchen in einem unermeßlichen Dunkel; Tag nur eine von einem benachbarten Stern hervorgerufene Ausnahme im Universum. Zwischen den Sternen in der großen Weite herrscht die Nacht. Immer wieder kommt Hugo auf den Gedanken zurück, daß die Nacht, weit davon entfernt, ein zufälliger und vorübergehender Zustand des Universums zu sein, der eigentliche und normale Zustand der Schöpfung ist, der wir angehören. Diese Nacht mit ihrem spärlich verstreuten Licht am Firmament ist für Hugo das fühlbare der sittlichen Welt.

Die Nacht ist die Unwissenheit, das Böse, das Grobsinnliche, alles, was Gott verbirgt und außerhalb Gottes und gegen ihn gelegen ist, gewissermaßen seine Negation zu sein scheint. Deshalb nennt Hugo das Dunkel „gottlos“. Beständig kehren bei ihm Anspielungen auf diese zugleich phantasievolle und metaphysische Auffassung der Dinge wieder, ohne von der Mehrzahl der Leser verstanden zu werden. Alle Verneinungen und Zweifel, die Hugo den Menschen vorwirft, haben nach ihm ihren Wesensursprung in der Allgegenwart des Bösen und der Finsternis. Das Böse ist die Nacht, die den Tag verhüllt, so daß das Licht nicht ohne Verletzungen zwischen den Menschen hervorquellen kann. Diese philosophische Antithese, nach der das Gute ein Ganzes und das Böse ein Allgegenwärtiges ist, inspirierte Hugo zu einer Reihe poetischer Gegensätze, die von der „düsteren Tiefe des blauen Abgrunds“, der Gleichsetzung von Himmel und Schlund, bis zu der ständigen Gegenüberstellung von Schatten und Licht reichen. Für die Vernunft ist die Finsternis das Böse, weil sie undurchdringlich und vor allem *unergründlich* ist. Ihr Reich dehnt sich in dem Maße aus, wie man die Stufenleiter des Seins herabsteigt, um in der Tiefe das größte aller Geheimnisse vorzufinden: das Grobsinnliche, die „Sache“. Doch noch tiefer im Dunkel des Universums ist das Böse im Menschen gelegen, tiefer als Leiden, als Schuld oder Verbrechen.

Wenn nun immer wieder hervorgehoben wird, daß bei Hugo trotz alledem stets der Optimismus die Oberhand gewinnt, so soll uns das nicht erstaunen, denn auch bei den Manichäern ist dies der Fall, alldieweil sie das letzte Ziel in einem Aufgehen der Finsternis in das Licht sahen. Victor Hugos Optimismus rührt zum Teil von dem „objektiven" Hang seines Genius her. Das Problem des Bösen stellt sich ihm nicht einfach von einem persönlichen Standpunkt. Seine Vorstellungskraft projiziert es immer über ihn selbst und in die ganze Welt hinaus, woraus sich die bisher noch nicht genügend beachtete Folgerung ergibt, daß er um so mehr zum Metaphysiker wird, je einfallsreicher und objektiver er vor uns hintritt. Anstatt ein persönliches Leiden zu bleiben, dehnt sich sein Empfinden für das Böse aus: gewissermaßen sozialisiert es sich und stellt es der grenzenlosen Nacht, die wir die Welt nennen, gleich. Solchermaßen vergeistigt sich dieses Empfinden, ohne an Tiefe zu verlieren, wird es weniger erregbar und schließlich ruhiger. Nicht länger handelt es sich um eine Art schmerzhaften Fiebers, um einen verzweifelten Taumel, sondern um die unbegrenzte Vorstellung von einem dunklen Horizont, an dem unser Ich nur ein Punkt ist, um einen Abgrund, in den wir versenkt sind. Tod, Schmerz, Laster, das Böse, Roheit, das Grobsinnliche und das „gottlose Dunkel" – alles das berührt nicht mehr die Seele sondern den Verstand, der furchtlos den Abgrund zu ergründen sucht. Dem kränklichen Pessimismus der verwundeten Persönlichkeit folgt die innere Ruhe unpersönlicher, das Unendliche erfassender Gedanken. Hugos Geistes- und Willenskraft war zu stark, um im Pessimismus stecken zu bleiben. Auch besaß er nicht genügend intellektuelle Selbstlosigkeit, um im Zweifel zu verharren: er glaubte.

2. Gott

Hugo ist niemals Materialist gewesen. Selbst sein Pantheismus ist bei ihm nur ein Ausdruck der Natur und schließt nicht das „Ich" Gottes aus. Im übrigen ist ein die Natur darstellender und belebender Dichter stets mehr oder weniger ein Pantheist. Der Gott Victor Hugos ist, soweit er unerkennbar ist, nicht „der Abgrund der Gnostiker", sondern der Gott des Gewissens, der gute und gerechte Gott. Unsterblichkeit ist für Hugo nicht einzig und allein eine Sache der „Einsicht", sondern auch eine solche des Herzens und der Liebe. Für Hugo trifft zu, was er von einem seiner Helden gesagt hat, nämlich daß er Gott nicht ergründet, sondern sich an ihm „betört" hat (Les Misérables). Dennoch finden sich bei ihm – wenn auch reichlich verworren und verschleiert – gewisse metaphysische Theorien. So gründet sich nach seiner Ansicht der Materialismus notwendigerweise auf einen „Konzeptualismus", der sich selbst in „Idealismus" verwandelt. Denn wenn der Geist die allem zugrundeliegende Wirklichkeit bildet, dann muß das zum Ideal gewordene, das eigentliche Geistesleben ausmachende wirklicher als das Reale sein und die einzige dieses Namens würdige Existenz darstellen: es rangiert das Ideal vor dem Wirklichen.

Aber hat das vom Menschen gehegte Ideal eine reale Existenz außerhalb unseres Geistes? Besitzt es gar eine Gestalt? Hugo versucht es durch ein Argument nachzuweisen, das eine interessante Variante der Beweisführung des heiligen Anselm ist, indem er meint, daß die Gestalt die eigentliche Grundlage für eine *wirkliche* Unbegrenztheit ist: „Wenn das Unendliche kein Ich hätte", heißt es bei Hugo, „dann wäre das Ich seine Grenze". Das heißt, daß das menschliche Gewissen, welches sich begriffe, ohne vom unendlichen Wesen begriffen zu werden, dieses einschränken würde, und mehr noch, daß der menschliche Wille, indem er das Ideal leugnet, ihm einiges von seiner Realität vertreiben könnte. Wenn Gott dementsprechend auch persönlich ist, so ist er nichtsdestoweniger dem Universum immanent: Er ist das Ich des Universums, eine Aussage, durch die Pantheismus und Theismus miteinander versöhnt werden. Hugo kehrt die Rangordnung Spinozaischer Ideen um. Anstatt zu sagen: Gott ist die Existenz, die Substanz, deren Wesen und Formen durch die Menschen zum Ausdruck kommen, sagt er: Gott ist die Art, das Wesen, das Wesentliche und das Förmliche. Uns selbst können wir nur die grobe Existenz zuerkennen. Die Tatsache des Existierens ist weniger wichtig als die *Art zu sein.* Das wahre Absolute ist also in der Anordnung der Qualität gelegen und nicht in der der Existenz. Alle diese recht verworrenen Ansichten lassen dem Geist Victor Hugos keine Ruhe. Neben der Existenz des bewußten und eigenwilligen Ich, das ihm ein großes Ich, ein hohes Bewußtsein, ein universaler Willen ist, findet er in der Welt die *Schönheit,* die ihm die sichtbare Form und Offenbarung des Göttlichen zu sein scheint. Ebenso wie Aristoteles setzt Hugo die Schönheit, diese ewige Harmonie der Dinge, mit einem alles durchdringenden elementaren Willen des Guten gleich.

Letztlich jedoch ist für Hugo das moralische Bewußtsein, das Gewissen, der Nachweis Gottes. Ohne es zu wissen, macht er sich zum Kantianer, indem er der Philosophie die Souveränität der praktischen Vernunft zuschreibt. Sie ist nach seiner Ansicht im wesentlichen *Tatkraft* und *Wille zum Guten,* das heißt, nicht eine einfach auf das Unerforschliche ausgerichtete spekulative Neugierde, sondern eine praktische Erkenntnis sittlicher Werte. „Die Philosophie", schreibt Hugo in „Les Misérables", „darf kein dem Mysterium vorgebauter Anbau sein, von dem aus man das Geheimnis ungezwungen und ohne ein anderes Ergebnis als Neugier zu dienen, betrachten kann." Und sagt man, die Welt scheint aber doch völlig unsere sittlichen Ideen zu ignorieren, antwortet Hugo, man habe nun mal hartnäckig in einer geraden Richtung zu gehen und im übrigen die Zukunft abzuwarten.

Da für Hugo wie für Kant unsere spekulative Ungewissheit die eigentliche Bedingung unserer moralischen Freiheit ist, haben Kantianer nicht verfehlt, darauf hinzuweisen, daß Victor Hugo das Problem ganz nach ihrer Weise angeht. Die Wissenschaft kann uns nicht mit Sicherheit darüber aufklären, ob der Grund der Dinge das Gute ist und Hoffnung zu Recht oder Unrecht besteht. Doch da uns unser Gewissen gebietet, nach dem Guten zu streben und zu hoffen, entsteht die Notwendigkeit einer freien „Wahl" zwischen zwei unbestimmten spekulativen Thesen. Angesichts der Undurchsichtigkeit der Natur entscheidet sich Hugo für die Klarheit des Gewissens und die Wärme der Liebe. Dies mag ein Irrtum sein! Nun dann, antwortet Hugo, „ermangelt es nicht der Größe, einen ernsten Irrtum für eine Pflicht zu halten!" Das heißt, daß die Pflicht, weit davon entfernt ein Irrtum zu sein, die Aufdeckung des Wahren selbst ist. Während also die Idee des Guten das heilige Licht der Welt ist, ist die Bejahung Gottes nur der Schrei des moralischen Bewußtseins. Wie für Kant ist auch für Hugo die

Pflicht eine Art Schuld, die Gott gegenüber dem Menschen gemacht hat. Nach Hugo gibt es in uns nur ein einziges, das vollständig, in seiner Art absolut, bedingungslos und adäquat zu sein vermag, und das ist die Idee der Pflicht, verbunden mit dem festen Willen sie gerecht zu erfüllen.

Dieser Glanz beleuchtet das gesamte Wesen, verleiht ihm einen Sinn, einen Zweck, macht es schön, liebenswert, gut und zugleich vernehmbar. Dem guten Menschen erklärt sich alles oder erscheint wenigstens erklärbar, alles strahlt die unbegrenzte Wahrheit aus. Die anscheinenden Verwirrungen bei den Wesen und der Menschenliebe stellen für den pflichtbewußten Menschen nur Gelegenheiten dar, mutig zu kämpfen – sie sind Symbole unseres Schicksals. Sicherlich möchte der Mensch oftmals die ewige Gerechtigkeit in die Mitte unserer Ungerechtigkeiten eingreifen lassen, dann aber vergißt er, daß es an uns allein ist, das Gerechte durch unsere eigenen Kräfte zu verwirklichen. Gott ist uns gegenüber die Gerechtigkeit und in sich selbst die Liebe. Er ist für Hugo nicht bloß eine „Seele der Welt", eine Substanz beseelendes Lebensprinzip: er ist das Herz der Welt. In „Les Misérables" findet sich ein Gedanke, dessen Schärfe an die Tiefe einer orientalischen Maxime erinnert: „Wenn es niemanden gäbe, der liebt, würde die Sonne verlöschen".

3. Zweckbestimmtheit und universelle Evolution. Die Unsterblichkeit.

Was die Philosophen eine „immanente Zweckbestimmtheit" nennen, schreibt Hugo allen Dingen zu, d.h. ein inneres Streben, dessen äußere Seite die mechanische Evolution der Dinge ist. Nach seiner Ansicht findet eine „unaufhörliche und unmäßige Verlagerung der Welten" statt. Der Mensch nimmt an dieser Bewegung teil und nennt das Ausmaß der Schwankungen, denen er sich zu fügen hat, „Schicksal". Die Welten setzen ihre Schwankungen fort, ohne ihre gleichmütigen Veränderungen gegenüber dem Menschen zu rechtfertigen. Man fühlt, wie sich das in uns selbst liegende Unbekannte insgeheim mit einem außerhalb unserer selbst gelegenen Unbekannten, der erhabenen Ankündigung des Todes verbrüdert.

Folgt man der Ansicht Victor Hugos, daß das Ich nicht von der Auflösung berührt wird, dann ist „Unsterblichkeit ganz und gar persönlich. Sie beruht auf dem eigentlichen Gegenstand der Liebe, auf dem wahren Ich, das allein das ‚Endliche' ausmacht. Das Schicksal als Wahrheit beginnt für den Menschen mit der ersten Stufe ins Grab". Dann erst enthüllt sich ihm etwas und er beginnt, das Endliche zu erkennen. Hugo denkt also nicht über eine metaphysische Unsterblichkeit im eigentlichen Sinne nach noch über eine rein physische Unzerstörbarkeit, sondern über eine moralische Unsterblichkeit, die darin besteht, immerzu zu lieben und geliebt zu werden: denn „die Seelen lieben sich über den Tod hinaus." Und so wird sich das sittliche Leben zusammen mit seinen Pflichten und seinem nie endenden Fortschritt über den Tod hinaus fortsetzen.

Wie Lamartine schildert auch Hugo das menschliche Schicksal oder vielmehr das universelle Schicksal mit Hilfe von Sinnbildern und Mythen. Seine Doktrin trägt den Stempel jenes Pythagoreismus, der auch in seinen Gedichten manche Spuren hinterlassen hat. Nennt er doch an einer Stelle den Menschen „das hehre Haupt der Zahl". Schon Lamartine stellte sich die Seele gemäß ihrer natürlichen Schwere auf- und absteigend vor. Hugo verfolgt diese Vorstellung allerdings nicht im Sinne christlicher sondern eher in dem indischer Auffassungen. Die ganze Welt ist ein Ort der Sanktion, eine Welt der Züchtigung, ein Bereich des Falles der Seelen, wo jedes Wesen den höheren oder tieferen Platz einnimmt, den ihm sein eigenes Gewicht zuweist, wo es wie eine schwimmende Substanz auf- oder niedertaucht, je leichter oder schwerer sie ist.

Selbst diese metaphysische und moralische Idee entspricht bei Hugo der aus dem indischen Gedankenkreis kommenden mythischen Form: der Wiedergeburt und der Seelenwanderung. Jedoch, da wir es mit einem Dichter zu tun haben, läßt sich nicht mit Sicherheit wissen, ob ihm diese Idee vielleicht nicht nur ein einfaches Symbol war. Hierfür spricht allerdings die von Hugo verteidigte Doktrin, daß alles, selbst die Dinge leben und die Tiere die „lebenden Schatten" unserer Tugenden und Laster sind. Für Hugo birgt die scheinbar leblose Materie, also das, was wir „die Dinge“ nennen, ein stummes Geheimnis in sich, worin „das unergründliche Sein“ ruht. Das andere Geheimnis ruht im Tier. Jedem Mitglied der Menschengattung entspricht nach Hugo eine Spezie der Tierwelt. Es ist dies ein platonischer Blick auf die Tiere als Schatten unserer Tugenden und Laster und zeigt, daß der von Hugo wiederaufgenommene Mythos des alten Morgenlandes vom Fall der Seelen und ihren Verklärungen teilweise für ihn symbolischen Wert besaß.

4. Religion

Nach Hugos Ansicht ist jede Religion ein Fehlschlag des menschlichen Traumes vor dem Sein und „vor dem Himmel“. Und da sich das Absolute nicht gestalten lasse, habe es wenig Sinn, Religionen oder ihre Priester zu Rate zu ziehen. Gleich, ob es sich um das jüdische oder griechische Dogma handle, stets lasse es zu seinen Gunsten das Wahre und das Ideal, das Licht und das Himmelsblau kleiner erscheinen. Wohl muß es einen Glauben an die Menschheit geben, doch ein Glaube ist kein Dogma. Denn dadurch, daß das Dogma starr, unveränderlich, tot ist, beleidigt, ja lästert es geradezu Gott. Höher als Priester und Gotteslehrer stellt Hugo die Asketen, die sich in die Betrachtung des Unsichtbaren versunken, unmittelbar dem Angesicht des heiligen Rätsels der Welt gegenüberstellen. Sie sind die eigentlichen Vorläufer der Philosophen. Und auf einer noch höheren Stufe stehend, sieht Hugo den Philosophen, da er in seinem Bewußtsein sowohl die Vorstellung von Gott als auch das göttliche Gesetz empfindet.

Hugo hält sich also an die Philosophie, aber an eine solche, die weder die Verehrung, noch die Liebe, noch selbst das Gebet ausschließt. Die größte Kraft des Menschen, sagt er, ist die Liebe. Da der Glaube selbst stets aus der Liebe hervorgeht, bedarf der Mensch notwendigerweise des wahren und freien Glaubens. Somit nimmt der Glaube den zweiten Platz nach der Liebe und dem liebenden Wollen ein, zumal lieben, wollen bedeutet und das Wollen dabei das Wesentliche ist. „Die Seele, die liebt und leidet“, heißt es in „Les Misérables“, „ist im Zustand des Erhabenen“.

Die Liebe allein ist das wahre Band aller Wesen und verwandelt die Welt in eine grenzenlose Gemeinschaft. Und was das Gebet betrifft, so ist es zugleich Elan der Liebe und Streben nach einem Mysterium, in dem das Geheimnis des vollkommenen Guten gelegen ist.

Erst wenn man sich mit den philosophischen Ideen Victor Hugos vertraut gemacht hat, versteht man jene Stellen, deren Schönheit und Tiefe man nur undeutlich zu fühlen vermochte; erst dann zeigt sich die Fülle ihrer ästhetischen Wirkung. Unter den von außen kommenden Lichtern sucht der Dichter die Strahlen der Vernunft zu entdecken, um die Wahrheiten zu verstehen, die uns die physische Welt im Augenblick verbirgt und verheimlicht, wo es scheint, daß sie vor unseren Augen stehen. Der unendliche Lichterhimmel ist für den Geist die Nacht und das Tabernakel des Firmaments das Leichentuch, unter dem die Seele vergeblich versucht, nicht die physikalischen und mathematischen, sondern die ins Grab versunken zu sein scheinenden wahren Gesetze der moralischen Welt zu enthüllen. Das Dunkel ist für Hugo stets die Materie, der Bereich des Bösen, vor dem sich selbst das Denkvermögen des Menschen „verdüstert". Immerhin gibt es eine Gedankentiefe, die sich den Himmel erobern wird, um alle Wahrheiten wie die Sternenbilder am Himmel der Moral aufleuchten zu lassen. Die ganze Göttlichkeit der Seele wird zum Vorschein kommen und die Flügel des Dichters uns in diesen neuen Olymp tragen. Wer vom Poeten philosophische Erklärungen verlangt, sozusagen eine Abhandlung in Versen, übersieht, daß Victor Hugo auf dem Wege kurz gefaßter Hinweise jede der Wahrheiten der moralischen Welt gekennzeichnet hat.

Von der Schönheit sagt er, sie ist „heilig", weil sie die „Form ist, die Gott dem Absoluten verliehen hat", und was das Ideal angeht, so keimt es bei den Leidenden, weil es der Schmerz ist, der uns durch unsere Tränen hindurch jenseits dieser sichtbaren Welt eine unsichtbare und bessere Welt zeigt, ja sie gar in uns aufblühen läßt. Das Ideal verleiht „dem Geist Standhaftigkeit", weil es ihm ein Ziel weist und ein Gesetz vorschreibt. Es „adelt die Herzen", weil es ihnen die Kraft der Hoffnung verleiht. Von dieser Welt des Leidens erhebt der Dichter unsere Augen zum Himmel und zeigt uns dort den Glauben, dem ein Heer von Sternen dient. Und kommt es zur Gerechtigkeit, so erfaßt Hugo sie philosophisch mit den drei Worten: „gütig für alles“. Schließlich spricht er von der Freiheit als der höchsten sich verhüllenden Gottheit, die weit davon entfernt ist, unter den Menschen zu herrschen.

Für Hugo mußte jeder Gedanke von vornherein ein Gemeinplatz sein, und so ist es denn auch ein solcher, wenn gesagt wird: Wir wollen leben, wollen Mensch sein. Und doch stellen wir immer wieder die gleichen Betrachtungen darüber an, zumal sie für jeden von uns immer wieder neu und unvorhergesehen sind. Auch wird immer wieder betont, daß es nur *ein* Leben gibt, doch um daraus das unsere zu machen, fügen wir diesem einen Leben, seinen Freuden und Leiden jene undefinierbare Schattierung hinzu, die sich „Persönlichkeit“ nennt. Gerade im Dichter zeigt sich diese am deutlichsten, da er jenen Gemeinplätzen ewiges Leben, Frische und Neuartigkeit zu verleihen vermag. So ist denn in der Poesie alles ein Gemeinplatz oder originell, je nachdem, wie man es deutet. Die großen moralischen und philosophischen Ideen mögen sich unaufhörlich umformen, doch nach jeder dieser Umgestaltungen finden sich im Grunde genommen immer die gleichen wieder, wenn auch um diese oder jene Spitzfindigkeit angereichert. Übrigens wurden auch die Naturbeschreibungen Hugos als Gemeinplätze abgetan.

Die Unterschiede in der Beurteilung Victor Hugos rühren größtenteils von der Mannigfaltigkeit und Gegensätzlichkeit seines dichterischen Werkes her. Um Musset zu verstehen, genügt es beinahe geliebt zu haben; zum Verständnis Lamartines genügt es meist, beim Mondschein mal annehmlich, mal traurig geträumt zu haben. Weitaus schwieriger ist es jedoch, in den Geist Hugos einzudringen. Denn um den Reichtum seines Kolorits zu erfassen, wird man für Chateaubriand und Flaubert empfändlich sein müssen, um den Klang seiner Sprache zu verstehen, wird man Wortkünstler wie Flaubert, Théophile Gautier und unsere Parnassiens zu würdigen wissen, – allerdings mit dem Unterschied, daß sich hinter Hugos Worten sehr oft erhabene und tiefe Gedanken verbergen, während die gedrechselten Verse der Parnassiens meist nichtssagend sind. Schließlich dann, um die ganze Kraft gewisser

Aussprüche zu verstehen, kann es nichts schaden, ein wenig Philosoph zu sein. Zweifelsohne bedient sich Hugo in seinen Romanen und Dramen mancher Kunstkniffe. Gleichwohl zeigt er an besonderen Stellen, vor allem in vom künstlichen Ganzen losgelösten Episoden einen Sinn für die Wirklichkeit sowie eine lyrische Kraft in der genauen Wiedergabe des Lebens, die allein Zola in seinen besten Werken erreicht hat. Es bedarf in der Tat der mit den Analysen der Stendhals und Balzacs vertrauten Schriftsteller, um die Feinheit oder die Tiefe gewisser psychologischer Beobachtungen zu erfassen, wie sie sich in großer Zahl in den Werken Victor Hugos verstreut finden.

Bis hinein in die Werke, in denen Autoren sich selbst auszuschalten scheinen, tritt die Persönlichkeit nach vorne, in der ihr Genius gelegen ist. Sie können sich ihr nirgends entziehen, sie durchdringt alles, spricht aus dem winzigsten Gedanken und selbst aus der Anordnung und Wahl der Worte. Daher rührt im Grunde genommen diese gar nicht mal immer in Worte gefaßte Antipathie oder Sympathie des Lesers und überdies mitunter auch diese scheinbar mißgünstige Haltung einer ganzen Generation gegenüber einem Dichter von dem Augenblick an, wo er aufhört, den genauen geistigen und moralischen Zustand einer Epoche vorteilhaft herauszustellen. Der „optimistische Dogmatismus“ Victor Hugos steht in allzu scharfem Gegensatz zu dem „pessimistischen Dogmatismus“ unserer Dichter, als daß sich in der Mehrzahl der Geister eine Versöhnung vollziehen könnte. Man will zwischen zwei unterschiedlichen Auffassungen in bezug auf das menschliche Dasein weder verstehen noch eine Brücke von einem zum anderen Ufer desselben Flusses schlagen.

5. Moralische und soziale Ideen

Um am Beispiel eines großen Dichters den moralischen und sozialen Einfluß zu würdigen, den die Dichtkunst ausüben kann, ist kurz aufzuzeigen, wie Victor Hugo seine „Mission“ verstand. Es wäre vermessen, dem Verfasser des „Othello“ und des „Macbeth“ das Attribut „gütig“ beizulegen. Ebensowenig läßt sich sagen, daß

Goethe mit seinem wissenschaftlichen und klaren Geist oder Balzac mit seiner ein wenig düsteren und voreingenommenen Psychologie schlicht gütig seien. Nein, sie waren Beobachter, die, wenn auch zuweilen mit Abscheu, genau die menschliche Komödie schilderten und für diese oder jene Person Mitleid zu erwecken verstanden. Doch dies ist alles weit entfernt von jenem väterlichen und allumfassenden Gefühl, jener warmen Teilnahme an jedem menschlichen Leid, welches die Werke Victor Hugos beherrscht. Allerdings zeigte sich diese Herzensgüte noch nicht in seinen ersten Werken. Dort ließ ihn seine ungestüme und leidenschaftliche Gemütsart nur von Kampf, Degenstößen und Zusammenstößen aller Arten handeln, auch von Schockwirkungen der Verse und Schattierungen. Erst im Exil, in der Einsamkeit, im Unglück (er verlor seine Tochter) tritt bei ihm jene Güte nach vorne, die sich auf alles erstreckt, jene Milde, die alles verklärt. Er ist, wie er einmal eine seiner Personen beschrieben hat, eines „dieser wohlwollenden Wesen, die sich in einem der gewöhnlichen Menschheit entgegengesetzten Sinn entwickeln, durch Illusion weise und durch Erfahrung schwärmerisch werden“. Wer Victor Hugo beurteilen möchte, wird ihm unter diesem Gesichtspunkt zu sehen haben. Was bei ihm bei einem Wohlwollen endet, ist die eigentliche Grundlage seiner eigenen wie seiner sozialen Moral, die sich als die *Gleichsetzung von Brüderlichkeit und Gerechtigkeit* bezeichnen ließe.

Äußerstes Erbarmen, das gleichzeitig höchste Gerechtigkeit ist, ist umfassendes Verzeihen, ist die Liebe, die sich auf alle Elenden, Unglücklichen oder Böswilligen erstreckt. Doch dieses Erbarmen konnte der Mensch weder in seine Gesetze noch in seine sozialen Einrichtungen einbringen, woraus sich der Grund für die Ungerechtigkeit in unserer Rechtsprechung erklärt. Immer wieder kommt Hugo auf die tiefgreifende Gleichheit der Menschen zurück, die für ihn wie für Schopenhauer der metaphysische Ursprung des Erbarmens und der Brüderlichkeit ist. Wenn die Menschen sich in ihrem Wesen so ähneln, „woher kommt dann die Trauer, woher stammt das Laster?“ – „Aus der Unwissenheit“, antwortet Hugo. Es ist „die Kleinheit des Verstandes“, die schlecht macht, denn „die Güte ist stets Größe“. Es gibt einen Zustand, in dem die Unglücklichen und die Niederträchtigen gleichermaßen „die Elenden“ sind.

Bei Victor Hugo finden wir nichts von der politischen Skepsis eines Beyle, noch von dessen Unabhängigkeit in bezug auf jedweden religiösen Glauben. Auch besitzt er nicht das aristokratische und ein wenig verachtende Gefühl eines Balzac. In Politik wie in Metaphysik ist er ein Gläubiger, ein Enthusiast, genau wie Michelet, Carlyle, Parker oder Emerson. Wohlgemerkt, skeptische Schriftsteller wie Voltaire, Stendhal, Mérimée mit ihrem kalten, klaren und sarkastischen Stil veraltern weniger als derjenige, der ein wenig zu sehr bejaht. Er kann sicher sein, daß seine Aufrichtigkeit von seinen Nachfolgern als naiv empfunden und manchesmal gar verspottet und belächelt wird. Zwar wird der Spötter von allen verstanden, dafür aber weniger geschätzt, da er keine tiefgehende Emotion hervorzurufen imstande ist: Das Geistreiche zahlt stets mit der Unfähigkeit, die Herzen zu fesseln.

Hugo hatte ein grenzenloses und kindliches Vertrauen in die Kraft des Volkes zur Verwirklichung des sozialen Fortschritts. Überdies hegte er für das Volk ein unermeßliches Mitleid, das ebenso wie die Liebe den Menschen mitunter mit Blindheit schlägt. Während uns manche der von ihm vorgebrachten Naivitäten ein Lächeln entlocken, treiben uns andere die Tränen in die Augen. Und was den unübertrefflichen Enthusiasmus des Dichters betrifft, so mögen Teile hiervon vergehen, doch der Rest bleibt dennoch eine lebendige, unversiegbare Kraft. Hugo stimmt mit Spencer darin überein, daß „die zukünftige Entfaltung des allgemeinen Wohlstandes ein von Gott gegebenes, unvermeidliches Phänomen ist“, und Dichter, der er ist, stellt er sich vor, daß „diese Entfaltung in Kürze bevorsteht“! „Ich gehöre zu denen, die glauben und hoffen, daß man das Elend beseitigen kann“, sagte er in der Assemblée Législative und forderte: „Erstens, die Demokratisierung des Besitzes, nicht indem man ihn abschafft, sondern ihn auf eine Weise verallgemeinert, daß jeder Bürger ohne Ausnahme Besitzer sein kann. Zweitens, den kostenlosen und obligatorischen Schulunterricht sowie eine wissenschaftliche Betätigung, die als Grundlage des Mannesalters geistige Kräfte entwickelt, ohne die Arme hängen zu lassen.“ Zur Verwirklichung dieses Ideals vertraut

Hugo weder dem Kommunismus noch dem zeitgenössischen Nihilismus. Er steht für eine Art des moralischen Rechts des Menschen auf Arbeit ein und spricht hiervon als einer der letzten und schwierigsten Reformen, die es zu unternehmen gilt. Sein Einsatz für die Erziehung des Volkes, bevor ihm ein allgemeines Wahlrecht zuerkannt werde, entspringt der Auffassung, daß das beste Mittel gegen Revolutionen nicht die Härte der Strafverfolgung sei, sondern Brüderlichkeit von den oberen Schichten der Gesellschaft zu den unteren sowie die Unterweisung der unteren. Schließlich, so meint er, „gibt es stets mehr Elend unten als Brüderlichkeit oben".

Zwei heldenhafte Vorbilder sollten sich in den geschichtlichen Vorstellungen Hugos verfestigen, und zwar Napoleon auf der einen Seite und die Revolution auf der anderen. Sie nahmen in einer Weise Besitz von seinem Geiste, daß sie schließlich bei gigantischen und verzerrten Vorstellungen fern aller Wirklichkeit endeten. Hugo sieht in den Revolutionen – wie Hippokrates in den Krankheiten – das Unbekannte, das Mysteriöse und das Himmlische. Wie Michelet neigte er zu einer Verehrung des Volkes, aber verehren heißt nicht schmeicheln, und man kann einen Träumer nicht mit einem gewöhnlichen Höfling verwechseln. Hugo sagt von Mabeuf (einem seiner Helden), daß seine geistige Verfassung dem Pendeln eines Uhrwerks glichen: hatte ihn die Illusion erfaßt, dann dauerte sie auch dann noch an, wenn sie sich schon längst aufgelöst hatte. Das Volk ähnelt durchaus diesem Mabeuf und Hugo dem Volk: beide wußten nicht ihre Illusionen rechtzeitig dranzugeben.

Frauen und Kinder leiden nach Hugos Ansicht in unserer Gesellschaft am meisten. „Wer nur das Elend des Mannes gesehen hat, hat nichts gesehen. Er sollte das Elend der Frau sehen, und wer deren Elend gesehen hat, hat auch noch nichts gesehen bis er das Elend des Kindes erblickt hat." Wer sagt, in der europäischen Zivilisation sei die Sklaverei verschwunden, der irrt, meint Hugo: es gibt sie immer noch, „sie gilt für die Frau und nennt sich Prostitution." Mit wenigen Ausnahmen stattete Hugo seine Heldinnen mit Zügen wie beispielsweise diesen aus: „Ihr ganzes Wesen atmete Güte und Milde . . ., ihre Arbeit bestand aus Leben, ihr

Talent aus einigen Liedern, ihre Einsicht aus der Schönheit, ihr Geist aus der Unschuld und ihr Herz aus Unwissenheit... Er hatte sie eher dazu erzogen, eine Blume als ein Weib zu sein." Vor allem war es eine Eigenschaft der Frau, die Hugo in bewunderungswürdiger Weise zum Ausdruck brachte, indem er schrieb: „Das Reizende ist uns hienieden Bedürfnis. Nichts auf der Erde ist so wichtig wie die Fähigkeit, entzückend zu sein... Ein Lächeln, das uns wie das Gewicht der Kette, die wir alle hinter uns her ziehen, erleichtert, ist geradezu himmlisch." In den gleichen Tönen spricht er auch von der Demut und dem täglich sich aufopfernden Wesen der Frau.

Angesichts seines Einfallsreichtums hat man Hugo mit einer Naturkraft verglichen, doch war es eher eine Kraft der Menschlichkeit. Hätte er ohne Nachteil für seinen Einfallsreichtum eine vollständigere wissenschaftliche Erziehung und eine bessere politische Anleitung genießen können, dann hätte er den Typ vollkommenster Poesie verwirklicht, derjenigen, in der die metaphysischen, religiösen, moralischen und sozialen Ideen zum Ausdruck kommen, sich vor den Augen bewegen und zu Ohr und Herz sprechen. Nur so erfüllt sich die soziale Aufgabe der Dichtkunst. Ohne ihr Zweckmäßigkeit oder Nützlichkeit zuzuschreiben, darf die wahre Dichtkunst dennoch nie dem Hintergrund der Ideen und Gefühle gleichgültig gegenüber stehen, darf sie nie zur bloßen Form werden. Sie muß Inhalt und Form in einer die Wahrheit in sich schließenden Schönheit vereinen. Wenn sie dies erreicht, hat sie ihre moralische und soziale Aufgabe erfüllt und wird zu einer der höchsten Offenbarungen der Soziabilität in der Welt des Geistes und eine der wichtigsten Kräfte zur Sicherung des menschlichen Fortschritts.

Viertes Kapitel

Die Nachfolger Victor Hugos

I.

In „Phaidon“ spricht Sokrates davon, daß ihm Apollo geboten habe, sich der Dichtkunst zu widmen; doch müsse man „Mythen erschaffen und nicht nur Diskurse“, um wahrhaftig ein Dichter zu sein. In der Tat ist der wahre Dichter ein Schöpfer von Mythen, das heißt, er führt der Phantasie in empfindsamer Weise Handlungen und Taten vor Augen, die er zu Trägern von Ideen werden läßt. Der Mythos ist der gemeinschaftliche Keim des Glaubens, der Poesie und der Sprache. Im Grunde ist jedes Wort ein Bild, jeder Satz ein ganzer Mythos, nämlich die erdichtete Geschichte der in Aktion versetzten Worte, und die Sprache die Grundlage des Verkehrs zwischen den Geistern. Einerseits gibt es Worte, die heute nur noch Fragmente von Bildern und Gefühlen, nur tote Fetzen und Überbleibsel von Mythen sind, andererseits aber auch Worte, die ganze Vorstellungen zum Ausdruck bringen, sowie Sätze und Verse, die den Einklang und die Zuordnung eines sich vor unseren Augen abspielenden lebendigen Geschehnis gewähren. Da es am Dichter ist, den Worten Leben und Farbe zu verleihen, sie derart aneinanderzureihen, daß sie der Entfaltung eines Mythos dienen, wird zu Recht die *mythologische Kraft* zu den Gaben des großen Dichters gezählt. Der poetische Gedanke muß im Wort-Bild Gestalt annehmen, denn das ist sein Verbum. Dabei ist das Verb nicht einfach eine dem Gedanken angepaßte Form sondern der Gedanke selbst, der sich anderen durch sympathische Verbindung mitteilt. Dementsprechend sieht der Dichter-Philosoph Sully-Prudhomme im Vers die geeignetste Form, „dasjenige zu verankern, was der Schriftsteller ihm anvertraut hat, und ich glaube, daß man ihm außer allen Gefühlen auch fast alle Ideen anvertrauen kann". Allerdings unter der Bedingung, daß der Vers niemals zu einem Gewand werde, in das man nachträglich Gedanken kleidet, die zuvor als Abstraktionen zustandegekommen sind.

Victor Hugo, dieses im Wesen lyrische Genie, erfüllte die Dinge mit Leben und Seele. Er glaubte sie der Reihe nach, ja gar zusammen zu vernehmen und schuf so aus seinem Werk einen ungeheueren Chor, aus dem sich wie aus Erz prophetisch die Stimme der Natur erhebt, so wie sie im Herzen des Dichters erklang. Mit Sully-Prudhomme treten an die Stelle blendender, die ganze Außenwelt zu umfassen strebender Lyrik halb geschlossene Augen der Selbstbetrachtung, der inneren Vision, die allmählich „bis zu den Sternen" führt. Für ihn ist eine beständige Steigerung der Gefühle charakteristisch, die mit einer solch ängstlichen Gewissenhaftigkeit verbunden ist, daß die Gedankentiefe des Dichters der Schüchternheit zum Opfer fällt. Manchmal wagt sie nicht, vorwärts oder rückwärts zu gehen, macht auf der Suche nach dem Glück oder dem Ideal zaudernd Halt zwischen der fernen (vielleicht unverstandenen) Vergangenheit und der ungewissen Zukunft, und verliert sich auf der Suche nach „dem höchsten Stern" bereitwillig im einen oder anderen. Unterdessen träumt der Dichter in der Gegenwart von einer besseren Welt. Und zwar nicht insofern besser, daß sie reich an Verheißungen und Veränderungen wäre, die erfüllen würden, was man in dieser Welt nicht findet, nein, besser bedeutet für Sully-Prudhomme eher beharren als verändern. Er erträumt die Unbeweglichkeit des Fliehenden, die Erstarrung des Vorüberziehenden, die Unvergänglichkeit all dessen, was ihn auf Erden an den Wesen und Dingen, an Gutem und Großem im Herzen der Menschen entzückt hat.

In kurzen, von gemäßigten Gedanken getragenen Stücken ist Sully-Prudhomme unvergleichlich, denn bei ihm ist der Gedanke nicht weniger zart als die ihn einfassende Form. Zuweilen geht seine Subtilität so weit, daß sie nur noch wie ein Hauch wirkt, wie der „leichte Farbenschimmer" vom „duft'gen Flügel weißer Schmetterlinge", mit dem der Dichter seine Verse gerne vergleicht. Aber Subtilität kann auch zersetzend sein; denn Verfeinerung übertreiben heißt oft das Rankenbündel der Fabel losbinden, heißt im Keime jene Begeisterung zu zerstören, die allein die Kühnheit und den Schwung für lange Gedichte hervorbringt. Sully-Prudhomme hat sich an solchen langen Gedichten versucht und darin (manchmal allerdings in etwas zu gekünstelten Versen) *Gerechtigkeit* und *Glück,* die beiden höchsten Streben der menschlichen Seele besungen. Die beständige Sorge des Dichter-Philosophen, seine Gedanken mit absoluter Genauigkeit zum Ausdruck zu bringen, kehrt sich in Stunden ungewisser Eingebung leider gegen ihn, vor allem, wenn er sich abmüht, wissenschaftliche Abhandlungen und technische Erklärungen in Verse, zuweilen gar in Sonette zu setzen. Die Findigkeit und Gewissenhaftigkeit, die er bei dieser Arbeit entfaltet hat, bei der sich Worte und Ideen schließlich wie ein höchst kompliziertes Mosaikbild ineinanderfügen, ist unvergleichlich. Mit größter Unbefangenheit versucht der Dichter, neben dem Geist jeder Sache auch ihren Laut in seine Kunst einzubringen, wobei er allerdings vergißt, daß es genauso natürlich wäre, alles zu singen als alles in Versen auszudrücken. Denn die musikalische Note ist nur die Verlängerung der Schwingungen der ergriffenen Stimme und hat ihre Daseinsberechtigung nur in der Gemütsbewegung selbst. Der Vers kann dem Gedanken seine Form und seinen Rhythmus nur geben, wenn dieser schwingt und singt. Es ist die Eigenheit des wahrhaft poetischen Gedankens, gewissermaßen über den Vers hinauszuragen. Sein strenges Maß scheint ihm nur auferlegt zu sein, um die Form und nicht den Gehalt in Grenzen zu halten. Zwar mangelt es Sully-Prudhomme nicht an großen Ideen und schönen Versen, doch spürt man selbst in den aufs höchste gerühmten Seiten zuviel geduldiges Bemühen. Er hätte fortfahren müssen, die lebenden Systeme wie zu Seelen gewordene Gedanken an unseren Augen vorüberzuführen. Doch leider finden wir statt dieses philosophischen Lyrismus stets nur einen abstrakten Abriß der gesamten Geschichte der Philosophie in mnemotechnischen Versen. Um moralischen und sozialen Einfluß zu haben, muß die philosophische und wissenschaftliche Poesie wie bei Victor Hugo ebenso lebendig sehend und fühlend sein wie die religiöse.

„Die Form, die trifft", das ist es, was auch der wahre, der schöpferische Dichter finden muß und Sully-Prudhomme manchesmal auch gefunden hat. „Die kleine Linie des Mundes erweckt die große Liebe", weil sie ungesucht und mühelos der spontane Ausdruck der Seele ist. So ist es auch um die Poesie bestellt, bei der der Gedanke selbst sich in die Zeilen und Formen der Verse umsetzt, um in ihnen sichtbar zu werden. Nur er allein erweckt die große Liebe.

II.

Bei Leconte de Lisle findet sich beinahe nichts von Sully-Prudhommes Empfinden und Emotion. Er schließt sich in allzuvielen Hinsichten jener Plejade von Dichtern an, die Théophile Gautier folgend bestrebt sind, einwandfrei und vor allem gefühllos zu sein. Sie sind vollauf damit beschäftigt, ihre Verse bis zu formvollendeter Kälte hin zu glätten und zu vervollkommnen. Eine solch rein formale Poesie gleicht den Stalaktiten der Grotten, die wie steinerne Lianen herunterhängen; vergeblich sucht man in ihr das Fluidum des Lebens. Zwar gefällt es einem, sich einen Augenblick im Halbdunkel einer Grotte aufzuhalten und dort die seltsamen Gebilde und das Spiel der Lichtstrahlen zu bewundern, aber bald fühlt man sich frostig und sehnt sich nach der freien, warmen Luft der von der Sonne befruchteten Felder. Leconte de Lisle ist wie Hugo ein „Mythologe". Indes, statt Mythen zu kreieren, begnügt er sich nur allzuoft damit, Mythologien in Verse zu setzen: die der Griechen, die des Orients und des brahmanischen Indiens, die des finnischen und skandinavischen Nordens oder des katholischen und muselmanischen Mittelalters. In dieser neuen „Legende der Jahrhunderte" war eine Gestaltung von echtem philosophischem, selbst von sozialem Interesse gelegen. Denn es handelte sich darum, die verschiedensten Gesellschaftsformen sowie ihre Gedanken über Welt und Götter zu neuem Leben zu erwecken. Aber durch zuviel „Pantheismus" und „Objektivität" hat der Dichter schließlich die Fähigkeit zu sympathischer Emotion verloren, die den eigentlichen Kern der Poesie ausmacht. Auf diese

Weise kommt es zu dem, was sich als „Literatur der Kühle" bezeichnen ließe. Die Sympathie Leconte de Lisles ist einzig die des alles in das gleiche regungslose und ruhige Licht tauchenden Verstandes.

Er hat von den Griechen die Auffassung von einer Art Welt übernommen, die als die Welt der Kunst aus Formen und Ideen besteht, und menschliche Leidenschaft und Emotionen verbannt. Es läßt sich sagen, daß er wie Spinoza alle Dinge unter dem Gesichtspunkt der Ewigkeit sah, daß er die Bildhauerkunst in die Poesie versetzen wollte. Seine Dichtkunst zeugt von Reinheit und unbeweglicher Erhabenheit, und da seine Strophen sich von einem Grund abzuheben scheinen, den nichts bewegt, kommt harte, ebene Weiße des Marmors zur Geltung. Dieser an das Griechische gebundene Formenkult schließt eine Art von tiefer und beharrlicher Verachtung für eine Welt nicht aus, die im Grunde genommen nichts anderes ist als eine Welt der Täuschung und des Scheins. Hat sie doch außer diesen Formen, in denen sich der Geist bespiegelt, nichts Interessantes zu bieten. Die Kunst wird zu einer Art vorweggenommenem Nirwana. Völlig gleichgültig gegenüber allen Wünschen und aller Reue betrachtet der Dichter wie ein Weiser die Welt der Gesetze und Grundformen. Er wirft über die Unruhen den Mantel der Unveränderlichkeit und genießt so den Vorgeschmack der Ruhe des göttlichen Nichts, die uns „wohlig mit Vergessen umfangen wird."

Viele seiner der Legende oder der Geschichte entlehnten Stücke sind ganz einfach empfindungslos. Zwar mag diese Art gelehrter Poesie gewisse Liebhaber und Gelehrte interessieren, aber auf den Großteil der Gesellschaft wird sie nie den Einfluß ausüben, der der großen Poesie zukommt. Für uns sind bei Leconte de Lisle vor allem diejenigen Stücke ansprechend, in denen er sozusagen gegen seinen Willen empfindet und sich erregt, statt alles wie einen Spiegel wiederzugeben. Es wird dann die gewohnte innere Ruhe des Dichters von einem pessimistischen Empfinden durchbrochen, das sich angesichts des Elends dieser Welt und besonders des Menschen zuweilen zu einem Ansatz von Entrüstung erhebt. Kain wird für ihn zum Symbol der Menschheit und der Gott, der sie zu Leiden und Übel schuf, ist der eigentliche Urheber des Übels wie des Leidens – er ist der wahre Mörder Abels. Aus der Menschenbrust wird eine Vorstellung von der Gerechtigkeit erstehen, welche die Vorstellung von dem angeblich vollkommenen und guten Wesen, dessen Werk jedoch unvollkommen und schlecht ist, verdrängt wird. Kain ist wirklich das Kind des Leides, das das Leben mit einem langen Seufzen grüßt. Der wahre Schuldige ist Er, der die Ruhe des Nichts gestört hat, um daraus die Welt zu erschaffen, der Geist, der über dem Chaos schwebte und ihm Gestalt und Leben eingehaucht hat. Aus dem Inneren dieses beseelten, allen tierischen Instinkten als Beute preisgegebenen Lehms wird dennoch eine Kraft hervorgehen, die fähig ist, der unmoralischen Natur den Gedanken des Rechten und des Wahren entgegenzuhalten – die Erkenntnis. Und eben dieses Wissen wird den Menschen an Gott rächen, indem es Gott selbst vernichtet. Die große leidende Gesellschaft umfaßt für Leconte de Lisle nicht nur die Menschen sondern auch die Tiere, deren unbestimmte Gedanken, verborgenes Bewußtsein und Träume darzustellen ihm gefallen hat: gleichsam um in ihnen den Sinn des universalen Lebens in seinen ersten Äußerungen besser zu erfassen.

Leconte de Lisles Streben nach einem erhabenen Symbolismus ist ihm gewiß hoch anzurechnen. Der Fehler war nur, daß er glaubte, er werde der Wahrheit und der Objektivität näher kommen, wenn er sich bestrebe, unempfindlich zu sein und das Schlagen seines Herzens zu zügeln. Aber läßt sich die Wirklichkeit ergründen, wenn man sich von sich selbst losreißt, wenn man glaubt, die Wirklichkeit sei nicht in uns und wir in ihr, so als käme sie in uns nicht in Freud und Leid, in Sehnsucht und in Liebe zum Bewußtsein? Während der Jaguar von Blut träumt, träumt der Mensch mitunter vom Ideal. Beide sind Kinder der nämlichen Natur und wir wissen nicht, welcher von den beiden Träumen weniger von der Wahrheit abweicht. Immerhin glaubt der Mensch, hinter seinen Träumen einen undeutlichen und flackernden Lichtschein zu erspähen. Wer weiß, ob der erträumte Lichtschein nicht eines Tages zum wahrnehmbaren Licht werden wird. Beeinträchtigt doch der Traum des Jaguars in keiner Weise die Wirklichkeit hinter dem Traum des Menschen.

Fünftes Kapitel

Der Stil als Ausdrucksmittel und Werkzeug der Sympathie Entwicklung der zeitgenössischen Prosa

I. Der Stil

Theoretisch gesehen läßt sich der höchst *soziale* Charakter der Sprache – diesem Mittel, anderen seine Ideen und Gefühle mitzuteilen – als die Grundlage des Stils ansprechen. Aber ist daraus zu schließen, daß das oberste Gesetz des Stils ein Maximum an Fertigkeit und „Effizienz" in der Übermittlung von Gedanken und Emotionen sei? Zwar ist die vollkommen gerade Linie der kürzeste Weg von einem Punkt zum anderen, aber ist der vollkommene Stil auch der kürzeste Weg von einem Geist zum anderen? Herbert Spencer nennt die Sprache eine „machinery" zur wechselseitigen Kommunikation und sieht in den Gesetzen des Stils nur die Anwendung jenes Gesetzes, welches die größte Wirkung mit dem geringsten Kraftaufwand hervorzubringen sucht. Die große Kraft, die es hier auszusparen gilt, ist das Gewinnen der „Aufmerksamkeit" des Zuhörers, mit anderen Worten: derjenige Stil ist vollkommen, der mit einem Minimum an Aufmerksamkeit Verstehen und Fühlen hervorzurufen imstande ist. Diese utilitäre Auffassung vom Stil ist typisch für einen Engländer. Es werden so der „comfort" des Lesers, um nicht zu sagen seine Faulheit zum Regulator des Schriftstellers. Spencer geht so weit, zu behaupten, daß die Minderung des Reibungswiderstandes mit dem Übertragungsmittel das große, wenn nicht das einzige Geheimnis der Kunst des Schreibens sei. Um diese Theorie zu erhärten, führt Spencer unter anderem die Plazierung des englischen Adjektivs an, das immer dem

Substantiv vorausgeht. Er führt beispielsweise an, daß sich sagen läßt: „Die Diana von Ephesus ist groß“ oder „Groß ist die Diana von Ephesus“, und bemerkt hierzu, daß indem das Wort „groß“ an den Anfang gestellt wird, unbestimmte und erregende Gedankenverbindungen erweckt werden, die allem Großen und Majestätischen anhaften. Dementsprechend, meint Spencer, ist die Vorstellungskraft darauf vorbereitet, das darauf Folgende mit edlen Eigenschaften zu versehen. Dem kann man nur zustimmen, denn es zeigt, daß die Plazierung des Wortes von der *Wirkung* abhängt, die man erzielen will, sowie von dem *Gedanken,* auf den man Nachdruck zu legen wünscht. Keinesfalls aber handelt es sich darum, die Aufmerksamkeit zu ökonomisieren, sondern sowohl Aufmerksamkeit zu erreichen als auch Gedankenverbindungen in bezug auf Eingebung und Wahrnehmung zu lenken.

In der Wirtschaftlichkeit der Aufmerksamkeit läßt sich ebensowenig eine absolute Regel sehen, wie in der der Kraft. Zwar scheint es auf den ersten Blick logisch, bei jeder zu unternehmenden Arbeit darauf zu achten, sie unter möglichst geringem Kräfteverbrauch schnell und gut auszuführen, doch würde es ein solches, uns die Rolle einer Maschine zuweisendes Vorgehen außergewöhnlich schwer machen, jedwede Last in die Höhe zu heben. Nicht Aufmerksamkeit zu ersparen kann das letzte Ziel eines Autors sein, sondern vielmehr Aufmerksamkeit zu erreichen und aufrecht zu erhalten. Es ist somit der Stil als die Kunst anzusehen, die Teilnahme anregt, Gedanken richtig plaziert und gestaltet und sie in ihrer ganzen Fülle sozusagen vom Autor zu anderen Menschen gelangen läßt. Im übrigen läßt uns ein nicht allzu durchsichtiger und unpersönlicher Stil ein charakteristisches Gepräge erkennen, läßt uns an der Art und Weise teilhaben, mit der der Autor die Dinge sieht und interpretiert. Ein solcher Stil bringt uns dem Autor näher, läßt uns für einen Augenblick sein Leben leben und erfüllt so vollauf die der Sprache zugeschriebene soziale Rolle.

Was das Maß der zu nutzenden Kraft betrifft, gilt die ästhetische Regel, die Empfindsamkeit des Lesers nicht zu überfordern und dem Nerven- und Denksystem nach jeder Verausgabung von Energie und Aufmerksamkeit die notwendige Wiederherstellung zu gewähren. Deshalb ist es unerläßlich, in das Kunstwerk Abstufungen und Abwechslungen einzufügen, was allerdings von unseren heutigen Dichtern und Romanschriftstellern nur allzuoft vergessen wird. Ihr Stil ist fortwährend angespannt, ihre Reime unentwegt gewaltig, ihre Bilder beständig schmetternd und selbst wild. Ist es doch wie mit der abstumpfenden Wirkung einer unaufhörlich lärmenden Musik, bei der ein fortissimo schon mit dem ersten Schlag erreicht wurde; jetzt bliebe als einziges Mittel, wieder Aufmerksamkeit zu erzielen, ein pianissimo.

Sicherlich sind sowohl der mechanische Gesichtspunkt als auch das Prinzip der „Ökonomie der Kraft" für das literarische Geschehen von Bedeutung. Denn auch das Schöne hat seine mathematischen und dynamischen Voraussetzungen, darunter vor allem die vollkommene Anpassung der vom Verfasser verausgabten Kraft mit der erzielten Wirkung. Es hat immer geheißen, die Natur verfahre auf den einfachsten Wegen, nach dem Gesetz „der geringsten Aktion", das sich bei den lebenden und fühlenden Wesen zum Gesetz „der geringsten Mühe" verwandelt hat. Wenn auch die Funktion der Sprache ursprünglich die natürliche verstandesmäßige Kommunikation zwischen den Menschen ist, so ist doch die Sprache der Künste, der Literatur, der Poesie etwas anderes als eine Maschine zur Übertragung von Ideen. Der wahrhaft soziale Charakter des literarischen und poetischen Stils besteht nach unserer Meinung darin, nach den Gesetzen der sympathischen Induktion Emotionen zu stimulieren und so eine soziale Verbindung herzustellen, die dem gemeinsamen Empfinden für das Schöne dient. Wir stehen also hier drei Faktoren gegenüber: Dem vom Künstler ausgedachten und geliebten Ideal, der dem Künstler zur Verfügung stehenden Sprache und schließlich der ganzen menschlichen Gesellschaft, der der Künstler seine Liebe zum Schönen teilhaftig machen will.

Der Stil ist die Stimme, ist das immer ausdrucksvoller gewordene, mit bedeutungsvoller und suggestiver Kraft ausgestattete Organ der Soziabilität, das ihn zum Werkzeug einer umfassenden Sympathie macht. Der Stil ist bedeutungsvoll, weil er unmittelbar erkennen läßt, und suggestiv, weil er angesichts von Gedankenassoziationen denken und fühlen macht. Jedes Empfinden kommt durch angemessene Akzente und Gesten zum Ausdruck. Dabei ist der Akzent bei allen Vorkommnissen, wie z.B. Überraschung, Schrecken, Freude usw. fast der gleiche. Ähnlich ist es auch um die Geste bestellt. Die Kunst muß diese Akzente und Gesten hervorbringen, um durch Suggestion das durch sie ausgedrückte Empfinden in die Seele eindringen zu lassen. Es ist also nicht richtig zu sagen, der Stil bestünde nur aus der Anordnung und Bewegung der Gedanken. Es muß ihnen Gefühl hinzugefügt werden, da nur so Sympathie erweckt werden kann. Eben weil wir nur mit dem Menschen harmonieren, läßt sich sagen, daß der Stil der Mensch ist, daß der echte Stil aus dem Gedanken und dem Gefühl selbst entsteht. Die Schriften, denen er fehlt, gleichen jenen mechanischen Klavieren, die, selbst wenn sie die schönsten Melodien wiedergeben, uns kalt lassen: es fehlt ihnen die Menschenhand, die Gefühle und Leben in unser Innerstes dringen läßt.

Der für den Stil erforderliche Geschmack gründet auf dem unmittelbaren Empfinden mehr oder weniger tiefer, teils schöpferischer, teils das Leben regelnder Gesetze. Die Eingebung des Genies wird nicht nur durch den Geschmack berichtigt, sondern auch zu einem großen Teil veranlaßt, da er unter den unzähligen, durch Zufall entstandenen Verbindungen zunächst urteilt, dann auswählt. Schreiben, Malen, Musizieren heißt nun mal auszuwählen wissen. Der Schriftsteller wie der Musiker erkennt innerhalb des Durcheinanders seiner Gedanken sofort, was melodiös ist, richtig und gut klingt. Die Auslegung und Anwendung dieser allgemeinen Stilgesetze variieren natürlich je nach Künstler und Werk; denn wenn sie unveränderlich wären, könnten sie nicht von Bedeutung sein. Schließlich heißt von einer Regel abweichen, mitunter sie erweitern, sie durch neue Anwendungen fruchtbar machen. Wer die feinsten Regeln seiner Kunst am genauesten kennt, scheint sie oft am wenigsten zu beachten.

Alte Abhandlungen über die Rhetorik unterschieden den einfachen vom erhabenen Stil, stellten den einfachen dem bilderreichen gegenüber. In Wirklichkeit aber ist der erhabene Stil oft nur eine Form des einfachen Stils, wie die meisten erhabenen Stellen der Bibel und der Evangelien in ihrer stilistischen Einfachheit zeigen. Andererseits ist der einfache Stil oft sehr bilderreich, weil er nicht abstrakt ist. Je populärer eine Sprache ist, desto anschaulicher und bilderreicher ist sie – nur sind es keine gesuchten sondern der Wirklichkeit entlehnte Bilder. Während die gewöhnliche Sprache die Worte dahingehend verändert, wie sie am bequemsten sind, verändert die Dichtung sie mit einem Blick auf ihr lebhaftestes und sympathischstes Sinnbild. Die eine bezweckt die *nützliche Metapher,* die „Aufmerksamkeit einspart" und Ausübung der Intelligenz erleichtert, die andere die eigentlich *ästhetische Metapher,* die die Fähigkeit des Empfindens und die Kraft der Soziabilität vermehrt. Ganz anders als der ästhetische Stil präsentiert sich uns der rein wissenschaftliche und logische. Der gute wissenschaftliche Schriftsteller sollte vor allem dem Verfahren Darwins folgen, der, als er in gewundenen Phrasen unterzugehen schien, sich plötzlich im Schreiben unterbrach und zu sich selbst sagte: „Was willst Du eigentlich ausdrücken?". Nun fand sein Geist eine klarere Formulierung, die die Grundidee frei von allem belastenden und erstickenden Beiwerk wiedergab. Dasselbe Verfahren läßt sich auf alle Stile anwenden, allerdings nur als Mittel, um den Urstoff dessen zu erfassen, was sich als die sozialen Eigenschaften der Sprache bezeichnen läßt. „Die Regel des guten wissenschaftlichen Stils", sagt Renan, „ist Klarheit, vollständige Anpassung an den Gegenstand, Vergessen seiner selbst und absolute Selbstverleugnung. Im übrigen ist dies auch die Regel, um in jeder beliebigen Sparte gut zu schreiben, denn der beste Schriftsteller ist derjenige, der ein großes Thema behandelt und sich selbst vergißt, um das Thema sprechen zu lassen." Und weiter: „Eine den Gelehrten auszeichnende Rhetorik beruht auf der Genauigkeit des unverfälschten nüchternen, dem Thema entsprechend ausgewogenen Stils oder vielmehr auf der Logik, dieser einzigartigen und immerwährenden Grundlage des guten Stils." Die Logik ist in der Tat die *Grundlage* und bedeutet in rein wissenschaftlichen Werken nahezu alles. Aber ist sie auch für das Kunstwerk ausreichend?

Wenn der Stil nur auf logischen Ausdruck und „Ökonomie" der Ideen hinzielte, wäre das Ideal des Stils eine universale und unpersönliche Sprache, wie sie sich einige Gelehrten vorgestellt haben. Doch eine lebenswahre Sprache ist eine solche, in der man *denkt,* bevor man spricht, und man denkt nur in einer Sprache, die man sich seit Kindheit zu eigen gemacht hat, die eine eigene Literatur, einen eigenen Stil, etwas Nationales besitzt, von dem man selbst durchdrungen ist. Zu recht heißt es, daß sich eine Sprache nur aus Spracheigentümlichkeiten bildet, aus eigentümlichen Wörtern, eigentümlichen Redensarten, eigentümlichen Wendungen. Wenn man diese Spracheigentümlichkeiten Wort für Wort in eine universale Sprache übertrüge, würde man nicht mehr verstanden werden. Das heißt, man müßte dann nicht nur seine Sprache sondern selbst seine Art zu denken ändern, müßte alles Individuelle beiseitelegen, eigene Eindrücke verallgemeinern und sie ihrer Genauigkeit entledigen. Kurzum, es hieße das Denkvermögen entstellen, indem man ihm seine Lebhaftigkeit und sein Leben entreißt.

Der rein logische Stil strebt nur danach, Ideen in Folgerichtigkeit vorzulegen, während der poetische oder literarische Stil danach strebt, ihnen Beschaffenheit, Gleichgewicht und die Dimension lebender Wesen zu verleihen. Um beim Leser Sympathie zu erwecken, muß der Satz Leben enthalten, wobei es zu bedenken gilt, daß ein lebendes Wesen nun mal keine Folge nebeneinandergestellter Elemente ist, sondern ein aus ungleichen, voneinander abhängigen Teilen zusammengefügtes Ganzes, womit gesagt sein soll, daß auch der Satz ein Organismus ist. Jeder Satzteil unterscheidet sich vom vorhergehenden oder vom folgenden, sei es, daß er ihn einschränkt, vervollständigt oder ihn wiederholt und bekräftigt: es besitzt also jeder Satzteil seine eigene Individualität, und so auch erst recht jeder Satz. Überdies gibt es im allgemeinen gewisse Beziehungen in den Proportionen zwischen der Länge des Satzes und der Stärke der Idee oder des Gefühls. Ein längerer Satzteil enthält oft eine stärkere und wichtigere Idee, während ein kurzer Satzteil sowohl eine Idee von geringerem Wert als auch eine treffende Idee enthalten kann, die um so stärker wirkt, in je weniger Worte sie gefaßt ist.

Der Stil des Redners ist in der Nähe des poetischen gelegen, allerdings mit dem Unterschied, daß der Redner mit der Zerstreutheit der Zuhörer rechnet, der Dichter jedoch mit der konzentrierten Aufmerksamkeit der Leser. Der Satz einer Rede ist so gestaltet, daß nicht jedes einzelne Wort abgewogen ist, sondern sich nur die Hauptideen durch hervorstechende Worte klar herausstellen. Eine improvisierte Rede vermittelt uns das besondere Vergnügen, an der Gedankenarbeit teilzunehmen, an der oft mehr oder weniger mühsamen Bildung des Satzes sowie an der Entstehung von in Worte gefaßten Ideen. Indem der rednerische Stil durch die Geste und Vortragsweise vervollständigt wird, werden ihm zwei wesentliche Charakterzüge des gestalteten Lebens hinzugefügt, nämlich Gliederungen und Rhythmus. Beredsamkeit wird durch den Redefluß selbst rhythmisiert, so daß sich sympathische Schwingungen bilden, die an den Gefühlen des Redners teilnehmen lassen.

Der poetische und eigentlich ästhetische Stil ist in erster Linie eine auf Herz und Mark reduzierte Redekunst. Frei von allen Übereinkünften, nach denen das Milieu des Redners verlangt, bedient er sich solch relativ unzeitlichen Gegebenheiten wie Bild, Rhythmus und Akzent, die sich in den unterschiedlichsten Milieus kaum verändern. Allerdings ist das Poetische des Stils nicht allein in den Bildern, dem Rhythmus und dem Akzent gelegen, sondern beruht vor allem auf dem ausdrucksvollen und suggestiven Charakter der Worte. Im allgemeinen ist das Poetische nicht dem Schönen gleichzusetzen. Denn das Schöne liegt vor allem in der Form, ihren Proportionen, ihrer Harmonie und vor allem in dem, was sie ausdrückt oder nahelegt, also weniger in dem, was sie an Schönem zur Schau stellt: Das Schöne ruht in dem, was sich zeigt, das Poetische in dem, was sich nur ahnen läßt. Während die Wirkung des eigentlich Schönen den Geboten der Sinneseindrücke und der unmittelbaren Vorstellung unterliegen, spielen bei der Wirkung des Poetischen die der Ideenassoziation die vordringliche Rolle. Der Stil läßt sich daher nicht allein nach dem beurteilen, was er sagt und zeigt, sondern vor allem nach dem, was er nicht sagt, was er zu denken und zu fühlen gibt. Beim einwandfreien Einklang des Stils ist nicht nur der alles beherrschende Hauptton zu bedenken sondern auch die ihn zur Herstellung einer charakteristischen Klangfarbe begleitenden Töne. So eindeutig sich ein Dichter dem Leser verständlich gemacht haben mag, stets bleibt noch die Klangfarbe seines Stils zu würdigen, da diese zu ergreifen, abzukühlen oder gar wie gewisse Stimmen zu irritieren vermag. Die Dichtkunst hängt nun mal vom Wiederhall des Wortes, von der Menge und Tiefe der erweckten Echos im Geist des Hörers ab.

Zu Recht ist gesagt worden, daß es die Überschreitung der endlichen Form sowie die Erweckung des Gefühls des Unendlichen und durch dieses das des Lebens sind, die den poetischen Zauber der Schönheit ausmachen. Diese Aussage über das durch die Formen des Schönen hervorgerufene Unendliche scheint uns insofern eine notwendige Milderung der mechanischen Theorie Spencers zu sein, als sie das Verlangen nach Einsparung durch Verschwendung auszugleichen sucht. Da die Poesie eine Zauberkunst ist, die in einem Augenblick und hinter einem einzigen Wort eine ganze Welt heraufbeschwören kann, sollte man die Aufmerksamkeit des Zuhörers nur bis dahin ökonomisieren, wo genügend Raum für das seine Seele berührende Empfindungsvermögen verbleibt.

Symbolismus ist ein wesentliches Merkmal wahrer Poesie; denn was nichts anderes als sich selbst bezeichnet und darstellt, ist nicht wahrhaftig poetisch. So wie es eine Art egoistischer Formen gibt, die stets nur Ich sagen und an nichts anderes denken lassen, kennen wir auch eine Art uneigennütziger und großzügiger Formen, die von anderen Dingen als von sich selbst sprechen und damit weite Horizonte eröffnen. Nur sie sind poetisch und nicht an die Materie gebunden, entsprechen einem vergeistigten, moralischen und selbst sozialen Sinn und werden zu Symbolen. Um ihnen diesen Charakter zu verleihen, braucht man in den Stil weder die bündigen Allegorien der Alten noch die verschwommenen jener modernen Dichter einzubringen, die da glauben, es genüge, alles zu verschleiern, um alles poetisch zu verklären, oder Ideen zu unterdrücken, um bei Symbolen landen zu können. Nur durch die Tiefe des Gedankens und der Emotion verleiht man dem Stil symbolischen Ausdruck, das heißt, läßt ihn mehr nahelegen als er sagt und sagen kann, mehr als man selbst sagen könnte.

Bedenken wir doch, warum die Poesie des 17. Jahrhunderts letztendlich so wenig poetisch ist: weil sie zu logisch und geometrisch ist, weil bei ihr „Vernunft" derart überwiegt, daß sie durch ihre gleichförmige, äußerliche, seichte Klarheit keinen Hintergrund, keine flüchtigen Augenblicke und nicht das geringste Geheimnis anspricht. Den Gärten von Versailles ähnelnd, ist alles geordnet, einwandfrei, oft schön, selten aber poetisch, so daß das natürliche Gefühl, will sagen, das sich über jedes Wesen ergießende vielseitige Leben fast zu fehlen scheint. Logische und dynamische Gebote reichen also für den Stil weder aus noch sind sie die wichtigsten. Die von der Literaturkritik fast völlig unberücksichtigten biologischen, psychologischen und soziologischen sind von weitaus größerer Bedeutung.

II.
Das Bild

Eines der wesentlichen Elemente des poetischen Stils ist in Vers oder Prosa das Bild. Wenn es stimmen sollte, daß jeder gute Vergleich es dem Geist erlaubt, zu gleicher Zeit zwei Wahrheiten zu erkennen, dann ist Poesie wie ein ständiger Vergleich, der uns zugleich nicht nur zwei Wahrheiten zeigen will, sondern auch zwei Empfindungen oder zwei Gefühle oder ein Gefühl durch die Empfindung oder eine Empfindung durch das Gefühl erfahren läßt. Die Wissenschaft zeigt die abstrakten Beziehungen aller Dinge auf, die Poesie deren wirkliche Übereinstimmung. Um nicht nur Sinneseindruck sondern auch Intellekt, Gefühl und moralisches Bewußtsein anzuregen, setzt die Dichtkunst ein Objekt an die Stelle eines anderen, ersetzt sie einen Ausdruck durch einen anderen mehr oder weniger ähnlichen, wenn dieser suggestivere, frischere, stärkere oder einfach zahlreichere Ideenassoziationen erweckt. Anstatt die Dinge mit einer glanzvolleren Form auszustatten, wird sie durch die Metapher geschwächt, um so den Dingen einen tiefgreifenden Charakter wahren Gefühls zu verleihen. Die eindrucksvollsten, aus dem Verborgenen hervorgeholten Beispiele derartiger Bildungen finden sich bei Shelley, der oft äußere Dinge durch Vergleiche mit den Trugbildern seiner Gedankenwelt beschreibt und Landschaften durch die Ausblicke seines inneren Gesichtskreises ersetzt.

Aristoteles sieht in der Metapher kaum mehr als eine Art Denksport, denn sie ist für ihn eher eine Übung des Verstandes als ein

Mittel, Sinneseindrücke anzufachen und unterscheidet sie kaum vom Rätsel, einer Art Metapher für das Denkvermögen. In der Tat könnte eine nur an den Verstand appellierende Metapher womöglich einen antiken Sophisten entzücken, sie würde jedoch durchaus ihren Zweck verfehlen und unsere Vorstellungen von den Dingen abschwächen, anstatt ihre Kraft zu erhöhen. Die Metapher beruht auf einem Vorgang der Einfühlung, durch den wir mit den uns zunächst gefühllos und tot erscheinenden Dingen in soziale Verbindung treten. Das Bild darf deswegen niemals ein hinzugefügtes Ornament sein. Es muß für den Geist eine Illustration sein, ein Mittel, Licht und Leben auf das Objekt zu werfen und zugleich das Herz feuriger schlagen zu machen. Die Griechen betrachteten die Sinnbilder der Sprache allzu einseitig vom logischen Standpunkt aus; eine psychologische Annäherung an eine bilderreiche Sprache war ihnen fremd. Metapher oder Vergleiche sind Mittel zur Verstärkung von durch Gewöhnung abgenutzte geistige Bilder, indem sie sie mit anderen, noch ihre ganze Lebhaftigkeit besitzenden Vorstellungen in Verbindung bringen. Die ästhetische Wirkung des Bildes erklärt sich durch einen psychologischen Vorgang, indem das angesprochene Objekt plötzlich inmitten komplexerer Assoziationen versetzt wird, die in der Lage sind, in uns vielfache sympathische Emotionen zu erwecken.

Unter den Bildern, von denen hier die Rede ist, kennen wir verschiedene Arten. Die *bezeichnenden* Bilder geben die äußeren Umrisse des Gegenstandes genau an und entwerfen damit dessen Gestalt und Farbe; sie unterstützen die Wahrnehmung. Die *suggestiven* Bilder hingegen geben nur einen Bruchteil des wahrzunehmenden Gegenstandes wieder und lassen auf diese Weise die Gesamtheit des Objektes aus dem Dunkel hervortreten. Ein Sinneseindruck kann nicht nur in den ihn bestimmenden Konturen wiedergegeben werden, sondern nur in dem, was an ihm tiefgründig und weitschweifig ist. Unter den Verfahren, die den Modernen lieb sind, verdienen die „Transpositionen“ besondere Beachtung, da sie sich als die Wirkungen sympathischer Induktion erweisen.

1. Die Transposition von Sinneseindrücken. Beispiel: „Der *Park* öffnet sich, weit breitete er sich mit einer grünen *Klarheit* aus, hell und tief wie eine Quelle“ (Zola). Hier handelt es sich um eine

Transposition der volkstümlichen Redewendungen: „Kühl wie das Auge". So spricht denn auch Zola ein anderes Mal von einer von Weihrauch „durchdufteten Feuchtigkeit", welche die Luft der Kapellen „abkühlt". Jede Transposition von Sinneseindrücken bereitet bereits an und für sich ein gewisses Vergnügen, denn sie ist ein Mittel, die Emotion zu erhöhen, das heißt zugleich auf mehrere Nervenzentren einzuwirken. Nichtsdestoweniger erkennt man eine gute Metapher daran, daß sie nicht nur eine Empfindung in eine andere umsetzt, sondern auch dem betreffenden Gegenstand eine größere Anschaulichkeit verleiht und somit eine Brücke vom Unbelebten zum Belebten schlägt.

2. Die Transposition des Gefühls in Sinneseindrücke. Hierzu bietet Flauberts „Madame Bovary" eine Fülle von Beispielen: „Dann streckte sie den Hals vor [nach dem Kruzifix], wie jemand, der Durst hat." – „Sie erinnerte sich aller Entbehrungen ihrer Seele, und ihre Träume fielen *wie verletzte Schwalben* in den Schmutz". – Oder aus der „Éducation sentimentale": „Er wand sich *in seinem Wunsch, wie ein Gefangener in seiner Zelle.*" – „*Die Frauenherzen gleichen jenen geheimnisvollen Möbelstücken,* die viele ineinander geschachtelte Fächer haben." Zwischen gewissen moralischen oder intellektuellen oder rein gefühlsmäßigen Emotionen besteht eine gewisse Beziehung, mit deren Hilfe sich die einen durch die anderen erklären und bestimmen lassen. Das folgende Bild Flauberts ist eine Transposition des Moralischen in das Physische: „Sie hatte keine Widerstandskraft [gegen das Schicksal] mehr, sie ließ sich fortziehen . . . es kam ihr vor, als stiege sie einen Abhang hinab."

3. Die Transposition des Sinneseindrucks in ein Gefühl. Man vermag ein sehr klares Bild von einem Gegenstand zu erzielen, indem man das die Erscheinung begleitende Gefühl erweckt. Das Bild schöpft dann seine Kraft aus der es hervorbringenden Gemütsbewegung, die mitunter auch moralischer oder gar intellektueller Art sein kann. Diese Art von Bildern liegen in der Nähe derjenigen, die personifizieren und verlebendigen. Shelley z.B. vergleicht kräuselnde Wolken mit einer Herde, die „der Wind, dieser träge und unentschlossene Hirte" vor sich hertreibt. Die Wahrnehmung läßt sich sehr wohl durch intellektuelle Beweisführung verstärken,

um dadurch der zu übertragenden spezifischen Gemütsbewegung mehr Kraft zu verleihen. So bedient man sich z.B. gewisser Kenntnisse, um Empfindungen zu vertiefen, was allerdings gefährlich sein kann, indem hierdurch letztlich nur die philosophische Denkkraft angesprochen wird. An einer Stelle in der „Éducation sentimentale" beginnt Flaubert beispielsweise damit, eine sehr verwickelte Emotion mit solcher Deutlichkeit zu umschreiben, daß sie fast einer groben Empfindung gleicht: „Der Anblick dieser Frau", heißt es, „ging ihm auf die Nerven wie ein zu starkes Parfüm." Dies ist zwar klar, jedoch allzu grob vereinfachend und daher auch ein wenig banal. Dennoch gelingt es dem Verfasser, von diesem seichten Ausgangspunkt her mittels einer fast abstrakten und objektiven Sprache einen lebhaften Eindruck von dem inneren Zustand seines Helden zu geben, indem er schreibt: „Das stieg bis in die Tiefen seiner Gemütsart und wurde fast zu einer beständigen Art zu fühlen, zu einer neuen Weise zu existieren."

4. Die Transposition von Bildern und Gefühlen in Handlungen. Beispiel: „Ich werde mich aufmachen zu ihm, denn er wird nicht zu mir zurückkehren" (Psalmen). Viele Handlungen sind ein Niederschlag von Gedanken in konkreter Form und können wie metaphysische Vordrucke Anlaß zu endlosen Betrachtungen geben. Indem diese Handlungen wiedergegeben werden, hat man sozusagen das eigentliche Mark der Ideen und Gefühle übertragen, denn Handlungen sind ohne weiteres verständlich und nachvollziehbar.

Eine fortlaufende *Erweiterung* des Bildes durch alle Arten von Transpositionen oder Verklärungen gehört zu den beachtlichen Verfahren der Dichtkunst. Es darf allerdings nicht mit dem rednerischen Verfahren der *Übertreibung* verwechselt werden, das nur zu oft der Idee oder dem Bild ungleichartige, künstlich zusammengefügte Elemente hinzufügt. Der Liebhaber sagt seiner Geliebten nicht, warum er sie liebt, sondern bringt ihr seine Liebe in vielfachen Weisen zum Ausdruck. Die lyrische Stärke eines genialen Wesens läßt sich oft an der Häufigkeit der Wiederaufnahme eines Gedankenganges unter neuen und eindrucksvolleren Aspekten erkennen, und zwar dann, wenn man annimmt, er sei bereits aufgegeben.

III.
Der Rhythmus

Der bilderreiche Stil ist schon eine Art rhythmisierter Stil; denn das Bild ist in der Tat die Wiederholung desselben Gedankens unter einer anderen Form und in einem unterschiedlichen Milieu.

Spencer sieht im Rhythmus außer einer Nachbildung des leidenschaftlichen Tons ein Mittel, besondere Aufmerksamkeit zu erwecken. Das Vergnügen, das uns „die gemessene Bewegung des Verses gewährt, kann man“, so sagt Spencer, „vergleichsweise der Bequemlichkeit zuschreiben, mit der wir in Versmaß zurechtgesetzte Worte wiedererkennen.“ Diese Theorie ist offensichtlich zu eng. Gewiß, indem jeder Rhythmus regelmäßige, vorhergesehene, wohl angepaßte Bewegungen zuläßt, spart er „Energie“. Aber im in der Nähe der Musik gelegenen Rhythmus findet sich auch ein Mittel, Ideen, Sätzen und Worten eine Form und ein Gefüge zu verleihen. Jede Symmetrie und jede Wiederholung besitzt einen Reiz, weil sie Übereinstimmung und Einheit in der Abwechslung ausmachen.

Für den Vers ist der Rhythmus von grundlegender Wichtigkeit. Der Verfall des französischen Vers rührt zweifellos daher, daß man zwar einem Reim-Fetischismus treu geblieben ist, aber den Rhythmus, diese Grundlage der poetischen Sprache, unterdrückt. Man gelangt so zu einer durch das „Gesetz des organischen Gleichgewichts“ hervorgebrachten Art von Mißbildung. Sobald Rhythmus und selbst Zäsur verschwinden, muß sich der Vers in weitschweifigen Reimen ergehen, um ja nicht mit der Prosa verwechselt zu werden. Nur noch das Anschwellen der Stimme am Ende des Verses erinnert den Leser daran, daß er ein Versmaß und nicht einfache Prosa vor sich hat. Vielleicht wird aus dieser Umgestaltung eine in bezug auf den Rhythmus noch etwas freiere Versform als die Victor Hugos hervorgehen, doch möchte ich meinen, daß die Grenze bereits erreicht ist, an der der Vers in dem Bestreben, seine Gliedmaßen zu verrenken, sie zerbricht. Wir versagen in keiner Weise dem Dichter die Freiheit, die Rhythmen der Idee, dem Bild oder dem Gefühl anzupassen. Sollte man ihm dann nicht auch die Freiheit lassen, bald gehaltvolle, bald einfach ausreichende Reime zu benutzen, je nachdem, ob er die Aufmerksamkeit auf die Form oder die Idee lenken will? Der beharrliche Reichtum des Reimes ist das Gegenstück zu jenem rednerischen Schwulst aus den Zeiten des ersten Kaiserreiches, der uns heute Lachen macht. Er verleiht dem Vers etwas Gezwungenes, Großsprecherisches und Einförmiges. Jeder musikalische Effekt muß zweckmäßig sein und darf sich nicht unaufhörlich wiederholen.

Die Fülle des Reimes ist unerläßlich, wenn es darum geht, vor allem zu Ohren oder Augen zu sprechen, zu singen oder zu malen. In beschreibenden Versen ist er durchaus am Platze. Jedoch wenn es sich darum handelt, Gefühle oder Ideen auszudrücken, hat sich der Reim einerseits dem Rhythmus und andererseits dem Gedanken unterzuordnen. Überdies erweckt ein Fortdauern von gehaltvollen Reimen gemäß physiologischer und ästhetischer Gesetze bald Müdigkeit und Langeweile. Die wahre und angenehme Harmonie darf nicht immer volltönend lärmen. Kennen wir doch bei Chopin, Schumann und Gounod halbverschleierte Wirkungen, die gewisse allzu einförmig lärmende Effekte der ersten Opern Verdis an Wert weit übertreffen. Gounod beklagt sich einmal über die Ungenauigkeit der Opernübersetzungen. Die herrliche Kantilene Fausts: „Salut, demeure chaste et pure" lautet im Italienischen: „Salve, dimora casta e pura". Gounod bemerkt, daß in dieser italienischen Klangfülle die tiefe Zartheit seiner Musik verschwindet, indem die ein wenig dumpfen und zurückhaltenden Vokale des französischen Verses „Sal*u*t, dem*eu*re chaste et p*u*re", die zugleich das Mysterium der Nacht und der Liebe ausdrücken, durch laut schallende Vokale mit offenem *a*, mit rundem *o* und *u* ersetzt werden. Wie Fanfaren klingen so die Worte: „S*a*lve, dim*o*r*a* c*a*st*a* e p*u*r*a*". Dort, wo der französische Sänger die Seelen sprechen lassen kann, ist der italienische Sänger beinahe genötigt, zu deklamieren: das *Poetische* weicht dem *Rednerischen*. Aus dieser Lehre eines großen Musikers könnten unsere Verseschmiede Nutzen ziehen. Denn der unaufhörlich wiederkehrende gehaltvolle Reim gleicht jenem dimora casta e pura: Schattierungen und Nuancen werden ausgeschlossen, um grellem Licht und stetig volltönendem Wort Platz zu machen. Die Poesie kann und darf nicht unentwegt aufflammend sein, und auch ihre Aussagen können nicht durch in regelmäßigen Abständen wiederkehrende Wortbilder oder Wortklänge heraufbeschworen werden. Der Dichter muß durchaus frei sein, den volltönenden Vers in Abständen auch zu dämpfen, damit er, nachdem er Augen und Ohren beeindruckt hat, auch zum Herzen oder gar zum Gedanken sprechen kann. Überdies ist die nachdrückliche Betonung kein Vorrecht des Reimes; sie steht auch den Ideen und Gefühlen zu, eben allem, was eine Welt in sich schließt.

Im Grunde genommen ist der Reim eine Form des Rhythmus, da er eine Wiederholung, eine Harmonie, eine regelmäßige und abgemessene Wiederkehr desselben Tones ist. Sainte-Beuve meint mit Recht, er sei eine *Antwort,* wie die von Freund zu Freund, und so kann man in ihm sogar das Sinnbild der Sympathie zwischen den Herzen erblicken. Der Reim ist ein unerwartetes Band zwischen zwei Bildern oder Ideen, kurz, eine Übereinstimmung, die für das Ohr alle anderen Übereinkünfte symbolisiert.

Sehr zu recht wird unsere Prosa mehr und mehr rhythmisch, zumal schlecht gebaute Sätze der Prüfung lauten Vorlesens nicht standhalten. „Sie legen sich auf die Brust", wie Flaubert sagte, „hemmen den Herzschlag und stehen somit außerhalb der Voraussetzungen des Lebens." Flaubert gründete also die Lehre vom Rhythmus und Gleichschritt auf die Übereinstimmung von Physischem und Moralischem. Für ihn sind das Wort und der Gedanke wesensgleich: denken heißt sprechen. Ist doch in jedem Wort des Wörterbuches der Abriß einer organischen Denkarbeit gelegen, wobei gewisse Worte eine feinfühlige, andere eine grobe Empfindsamkeit versinnbildlichen, manche kommen aus gutem Hause, andere nicht. Flaubert wollte in seiner Prosa „Endpunkte ohne Synonyme" erreichen, d.h. die lebenswahre Substanz, die einmalige Substanz des Gedankens. Selbst die in unseren Tagen so wichtig gewordene Kunst der Interpunktion ist im Grunde genommen nichts anderes als die Kunst des Rhythmus. Sie gleicht in der Prosa dem jetzt allgemein üblich gewordenen Absatz zur Trennung der Verse. Daher rührt diese ständige Besorgnis um die Interpunktion, die für Stilisten wie beispielsweise Flaubert bezeichnend ist. Wohlgemerkt sprechen wir hier von einer Art inneren Zeichensetzung, die der äußeren Zeichen nicht bedarf und in jedem etwas längeren Satz von selbst die sinngemäße Teilung vornimmt. Sie ähnelt derjenigen, die man selbst in musikalischen Sequenzen nicht mit einer Viertelpause anzugeben vermag. Sie läßt sich nur erraten und empfinden. Ein sich gleicherweise auf Gedanken und Worte erstreckender, elementarer und antiker Parallelismus findet sich in der hebräischen Poesie, mitunter auch im Evangelium. Er hat in unsere Prosa Eingang gefunden und verleiht ihr oft eine besondere Kraft, wofür sich in unserer zeitgenössischen Prosa so manche Beispiele anführen ließen. Flaubert, der seine Prosa wie Verse rhythmisierte, brachte oft solcher Art „Bibelverse“ hervor, wie man sie übrigens auch schon bei Pascal, Bossuet und Rousseau findet.

Es kann kein Zweifel darüber bestehen, daß unsere französische Prosa immer poetischer wird. Obwohl die große Mehrzahl unserer Schriftsteller Poeten sind, ist jedoch die hergebrachte dichterische Sprache des 17. und 18. Jahrhunderts, die man beispielsweise bei Chateaubriand noch antrifft, ganz aus unserem Stil verschwunden. Für uns besteht die Dichtkunst ausschließlich im Ausdruck, der um so lebendiger ist, je einfacher das Wort ist und genau dem Gedanken entspricht. Die Verschmelzung der sogenannten poetischen Sprache mit der Sprache der Prosa, wie sie von der Romantik und dem Naturalismus angestrebt und vollendet wurde, bezweckt keineswegs die Einführung jenes im vorigen Jahrhundert so beliebten verschwommenen Poetischen in die Ideen, sondern vielmehr die getreue Wiedergabe aller besondere und nuancierte Eigenschaften aufweisenden Gedanken und Gefühle. Man sucht das Wort, welches die Idee am unmittelbarsten verdeutlicht und bedient sich seiner ohne Umschweife. Durch poetisches Denken ist die Dichtkunst in die Prosa eingedrungen. Dem gleichen evolutionären Vorgang folgend, ist unsere Prosa heute bald wissenschaftlich, bald poetisch. Das Streben nach intellektuellem oder mitfühlendem Ausdruck läßt uns bald die abstrakte Idee, bald das Gefühl, bald die Systematisierung des Gedankens, bald die der Emotionen so getreu als möglich darlegen. Durch die Entwicklung der Sprache vermischt sich der Wortschatz des Prosaisten mit dem des Dichters und alles hängt nur von der Weise ab, das treffende

Wort zu finden. Es geht also bei der „poetischen Prosa" nicht darum, eine ausgeschmückte, nach Bildern suchende Prosa zu schreiben oder Verse nachzuahmen, sondern nur um die Erzielung bedeutungsvoller und anregender Wirkungen, hervorgerufen durch die vollkommene Anpassung der Form an den Grundgedanken.

Die Umbildung, von der hier die Rede ist, hat ihre sozialen Gründe. Denn der Stil ist nicht nur „der Mensch", er ist auch die Gesellschaft eines Zeitalters, er ist die Nation und das Jahrhundert. Und da die modernen Gesellschaften einem Gesetz fortschreitender Verwicklung unterworfen sind, macht sich dies in allen sozialen Manifestationen und so auch in der Kunst bemerkbar. Die durch wissenschaftliche und philosophische Ideen veränderten Gefühle werden immer komplexer, so daß sich auch der Ausdruck der Gefühle immer zahlreicherer und unterschiedlicherer Mittel zu bedienen hat. Ebenso wie die Musik wird auch die Literatur gelehrter und harmonischer, freier in ihren Regeln und ausgedehnter im Bereich ihrer Anwendungen. Sie bedarf einer reichen und biegsamen Sprache, die fähig ist, alle Töne und Akzente wiederzugeben. Die Prosa ist das große soziale Kommunikationsmittel, sie ist recht eigentlich die Seele einer Gesellschaft in ihrer unmittelbarsten und aufrichtigsten Form. Sie muß daher Wissenschaft und Künste in sich zusammenfassen und bei den Künsten vor allem die Handhabung von Einklang und Emotion. Deshalb macht die Prosa mehr und mehr ihr Recht auf diese Poesie geltend, die lange Zeit das Schicksal des Verses allein zu verwalten schien. Da das Poetische nicht in einer bestimmten Weise gelegen ist, einen Gedanken auszudrücken, sondern im alle Formen und Zeiten durchdringenden Gedanken selbst, während der Vers mit Land und Zeitalter wechselt, besteht kein Grund, es auf eine bestimmte Form zu beschränken. Denn so wie es ein Naturgesetz gibt, nach dem nichts verloren geht noch verschwindet, gibt es auch ein anderes Gesetz, demgemäß nichts durchaus dasselbe sei und alles sich verändere. So vereinigt sich der Reiz des Neuen mit der Anhänglichkeit an das Vergangene. Der Poet ist angesichts jedes Wechsels des Gefühls oder der Emotion frei, auch den Rhythmus zu wechseln; in der Prosa jedoch schafft sich jeweils der Gedanke selbst seine Form und sein Zeitmaß, offenbart sich jede Veränderung sogleich durch die Menge der Worte und den Zuschnitt der Sätze. Stets wird es Angelegenheiten geben, die sich besser in Versen wiedergeben lassen, doch ist es unbestreitbar, daß die Prosa – deren einziger Maßstab der Gedanke selbst und die Gemütsbewegung ist – sehr wohl der wachsenden Kompliziertheit der Kenntnisse und der Ideen entspricht. Die Prosa neigt dazu, sich in gelehrterer und freierer Weise einzurichten als die Poesie, bewahrt dabei jedoch die Grundlage, die beiden gemeinsam ist: das Bild und den Rhythmus.

Sechstes Kapitel

Der unsoziale Charakter der dekadenten und unausgewogenen Literatur Die moralische und soziale Rolle der Kunst

I.
Die Literatur der Unausgewogenen

Bei Nervenkranken und Missetätern gleicht der Normalzustand einem das Bewußtsein erfassenden Fieber, das sich im Gefühl eines unbestimmten Mißbehagens und einem Mangel an innerem Gleichgewicht zeigt. Personen dieser Art sind nunmehr in unsere Literatur eingedrungen und machen sich immer mehr breit. Eine sehr charakteristische Neigung der Unausgewogenen ist ein Gefühl des Mißbehagens, eines unbestimmten Leidens, das bei gewissen Geistern bis zu Pessimismus führt. Bei manchen unter ihnen läßt sich von einer Art leidvoller Konstitution sprechen, von vernunftwidrigem Kummer, der, in alle möglichen Formen der Urteilskraft und des Gefühls umgesetzt, bis zu einer verallgemeinerten pessimistischen Lehre reicht. Die Literatur der Unausgewogenen ergeht sich im allgemeinen in schmerzhaften Analysen, selten in Taten. Handeln, zumindest gesundes und moralisches Handeln ist für sie wahrlich sehr schwer, obwohl gerade die Aktion das beste Heilmittel für innere Unausgeglichenheit wäre. Bedarf doch das Handeln die vollständige Ausrichtung des Geistes auf ein zu erreichendes Ziel, bedeutet es doch den Einsatz des organischen Gleichgewichts um einen unbeständigen vom Leben stets dargebotenen Mittelpunkt.

Die gleichen charakteristischen Züge lassen sich in der von Verbrechern und Geisteskranken verfaßten Literatur wiedererkennen, wie die Arbeiten von Lombroso, Lacassagne und der italienischen

Kriminalisten gezeigt haben. Vorherrschend ist das bittere Gefühl innerer Anomalie und eines verfehlten Schicksals, ein Gefühl, das sich oft bis in Tätowierungen fortschreibt, die beispielsweise lauten: „Das Leben ist eine große Enttäuschung", oder: „Ich Unglücklicher! Wie werde ich enden?" Ein weiteres Merkmal der von unausgeglichenen Personen verfaßten Literatur macht sich in den mannigfaltigen Ausdrucksweisen einer über den Durchschnitt hinausgehenden Eitelkeit bemerkbar. Ihr verdanken wir eine Leidenschaft für Autobiographien, für den Hang, selbst die unwichtigsten Züge des täglichen Lebens aufzuzeichnen und zu verewigen, sich selbst und besonders seine Leiden ständig unter die Lupe zu nehmen, sich in seinen eigenen Augen groß zu tun, kurzum, aus dem geringfügigsten Vorgang quasi ein Heldengedicht zu machen. Die Eitelkeit ebenso wie die naive Reaktion des Ich auf die Dinge wächst bei den Menschen um so mehr, je weniger ihr Bewußtsein ausgeglichen ist. Sie läßt sich nur durch eine richtige Erkenntnis des eigenen Wesens, durch eine bessere Zuordnung der mentalen Phänomene abbauen. Irre und Verbrecher besitzen oft eine unfaßbare Eitelkeit, die sie an der Entwicklung jedweden altruistischen Gefühls hindert. Sie töten, um von sich reden zu machen, um zum Held des Tages zu werden, um ihren Namen in der Zeitung zu lesen oder um gefürchtet oder beklagt zu werden. Nach vollbrachtem Verbrechen suchen sie die Erinnerung daran zu erhalten, indem sie es mit den abstoßendsten Einzelheiten erzählen oder gar in Verse setzen. Die Eitelkeit der Verbrecher, sagt Lombroso, übertrifft noch die der Künstler, der Literaten und die verführerischer Frauen. In der Tat sind viele Verbrecher in gewisser Hinsicht Künstler. Denn von dem Gedanken an Mord oder Diebstahl gequält, ersinnen sie im Geiste schon im voraus alle möglichen Ereignisse, die sie später als Heldentaten dartun.

Ihre vorherrschenden Leidenschaften sind die Rache, der Hang zu Ausschweifungen und Frauen. Immer wieder kommt das Wort Rache in ihren Tätowierungen vor. So hatte einer auf der Brust zwei Messer tätowiert, zwischen denen eingebrannt stand: „Ich schwöre, mich zu rächen." Auch ihre dichterischen Versuche sind meist vom Gefühl der Rache inspiriert. Übrigens ist zu bemerken, daß Rache eine logische Folge verletzter Eitelkeit ist und sich feststellen läßt, daß bei Verbrechern das Mißverhältnis der Rachsucht genau dem Mißverhältnis ihrer Eitelkeit entspricht. Da ihre Handlungen in keinem Verhältnis zu äußeren Ursachen stehen und ihre höheren Gehirnzentren versagen, begehen manche gar schon um einer Handbewegung, eines Lächelns oder einer Anrempelei willen einen Mord. Wie alle „Neurastheniker" bedürfen unausgewogene Menschen unentwegt starker Reizmittel: ein Leben voller Streit, Lärm und Sinnlichkeit, das sie mit Vorliebe im Kreise ihrer Komplizen führen. So beherrschen denn auch Freude an Ausschweifungen und sinnlicher Liebe ohne Zeichen von Scham fast ganz ihre Literatur. Bemerkenswert ist ferner, daß sie besonders Gefallen an finsteren und grauenhaften Vorstellungen finden. Es ist eben so, daß sich in diesen geschwächten Gehirnen mit ihren langsamen Reaktionen ein übermächtiges Bild leicht festsetzt und ebenso leicht bei Besessenheit endet. Verbrecher werden lange vor und nach dem Verbrechen vom Gedanken an ihre Missetat gequält. Nicht nur ergehen sie sich in Erzählungen mit den greulichsten Einzelheiten, sondern träumen gar davon, wie Dostojewski zu beschreiben weiß. Wir Kriminelle beschreiben auch unausgeglichene Schriftsteller mit Vorliebe verbrecherische und blutrünstige Vorgänge, sie gefallen sich ebenso wie Ribera, Caravaggio und andere Maler in grauenvollen Darstellungen des Mordes.

Schließlich ist noch von einer Zwangsvorstellung zu sprechen, die sich auf das Wort bezieht. Aus dem unregelmäßigen Verlauf der Ideen ragt plötzlich ein entlegenes Wort hervor, das unabhängig von seinem Sinn die volle Aufmerksamkeit der Verstörten auf sich zieht. Die Macht dieses Wortes wirkt eher durch seinen Klang als durch die Verknüpfung und Zuordnung mit Vorstellungen. Wie Lombroso ausführt, verlieren sich die Leistungen von Irren und Verbrechern meist in Wortspielen, Reimen, Gleichklängen sowie in kleinen autobiographischen Einzelheiten, was nicht im Gegensatz dazu steht, daß sich besonders bei Irren „eine glühende und leidenschaftliche Beredsamkeit wie in den Werken genialer Menschen findet".

Zusammengefaßt läßt sich sagen, daß der entscheidende Zug der Literatur der Unausgewogenen die Schilderung von Wesen ist, die nur teilweise oder ab und zu soziabel sind. Sie ziehen sich in sich selbst zurück, leben nur für sich und können uns manchmal dazu bringen, mit ihren Leiden, aber nicht mit ihrem Charakter zu sympathisieren. Sie haben dieses gewisse Unbeherrschte und Ungesellige an sich, das Kranken aller tierischen Gattungen eigen ist. Dauernde und tiefgründige Zuneigung ist ihnen unbekannt, und sollten sie wirklich einmal ein starkes Mitleid empfinden, dann höchstfalls wie ein momentanes Zusammenzucken. Sie befürchten durch Mitleid mit anderen, sich selbst zu bemitleiden.

Einige der von uns dargelegten Züge in der Literatur der Unausgewogenen werden wir in Werken der literarischen Dekadenz wieder antreffen, wo man sich Irre oder Verbrecher als Vorbilder und Lehrmeister erwählt zu haben scheint.

II.
Die Literatur der Dekadenten

1. Es entspricht einem soziologischen Gesetz, daß je weiter wir fortschreiten, das soziale Leben umso lebhafter und seine Entwicklung umso schneller ist, was allerdings auch eine gewisse Beschleunigung der Zersetzung des Lebens mit sich bringt. Was heute in der Fülle des Lebens steht, wird bald in Verfall geraten. So wie sich heutzutage nicht mehr nach Jahrhunderten zählen läßt, verändert sich auch die Literatur mit jedem Vierteljahrhundert. Da das soziale Leben immer verwickelter wird und Ideen und Gefühle an Zahl und Verschiedenartigkeit beständig zunehmen, erleben wir im selben Vierteljahrhundert einerseits Erneuerung und andererseits Zersetzung. Was in diesem Rahmen eine Gesellschaft an genialischen Menschen hervorbringt, kann in gewissen Hinsichten als dekadent in Erscheinung treten, in anderen jedoch als erneuernd. Eine Verallgemeinerung ist also nicht zulässig.

Läßt sich zum Beispiel von einer Dekadenz des gegenwärtigen „Jahrhunderts" im Vergleich zum vergangenen sprechen? Wahrlich eine sehr heikle Frage, da wir in der Gegenwart leben und ihr viel zu nahe sind, um sie gerecht beurteilen zu können. Betrachten wir gleichwohl die französische Dichtung als Beispiel. An der Wende vom 18. zum 19. Jahrhundert zeigten sich in der Dichtkunst keine Verfallserscheinungen. Und was das 17. Jahrhundert betrifft, war es wohl dem nachfolgenden durch die Geburt des klassischen Schauspiels überlegen. Auch unser Jahrhundert kann eine Tat aufweisen, der vielleicht eines Tages in der Geschichte der französischen Literatur nicht weniger Wichtigkeit beizumessen sein wird, nämlich der Geburt der lyrischen Poesie. Wir erwähnen diese beiden Tatsachen, ohne sie zu vergleichen; denn ein Vergleich zum Beispiel zwischen dem Tragiker Corneille und dem Lyriker Victor Hugo zu versuchen, ist unmöglich. Ähnlich schwierig dürfte es sein, wollte man Byron mit Horaz oder das Urbild des Faust mit dem des Achilles oder Odysseus vergleichen. So läßt sich auch nicht mit absoluter Gewißheit eine Dekadenz der Dichtkunst in unserem Jahrhundert feststellen, wohl aber eine beständige Umwandlung. Überdies verliert jede einzelne Epoche der literarischen Entwicklung an ausschließlicher Bedeutung, wenn man sie mit dem Gesamt dieser Entwicklung vergleicht. Selbst die mit Recht bewunderten „klassischen" Zeiten dürften dem Literaturhistoriker nicht immer als Höhepunkte gelten. Sie können dem Lernenden ein vollkommeneres Vorbild sein – Racine vollendeter als Corneille und Corneille vollendeter als Shakespeare – doch ihre *klassische* Überlegenheit begründet noch lange nicht eine *ästhetische*. Der einzige Fortschritt, der sich zu zeigen scheint, ist der der Einsicht und auch der Gefühle, die der Entwicklung des Verstandes folgen und immer umfassender und freizügiger werden. Zum Nachweis der Dekadenz begnügt man sich oft damit, auf die außerordentliche Sorgfalt hinzuweisen, die Dichter und Schriftsteller zum Nachteil der Ideen auf die Form und das Wort verwenden und, weil ihnen die Ideen fehlen, die Form zum wichtigsten Teil der Kunst machen. In jedem Jahrhundert und in jedem Land haben sich neben dem wahren Genie oder selbst schlichten Talenten unselige Reimschmiede und mutige Hersteller schwulstiger und platter Phrasen gefunden, die zu ihren Lebzeiten geschmäht, heute so vergessen sind, als hätten sie nie gelebt.

Die Ursachen für Perioden der Verwirrung und des Unbehagens im Leben der Völker wie der Individuen mögen sehr verschiedener

Art sein, doch das Ergebnis ist stets das gleiche, nämlich Nachlassen oder Absinken der literarischen Produktion. Dieser Zustand dauert so lange an, bis ein starkes und gesundes Leben die Oberhand gewinnt und sich gegen die unschöpferisch machenden Einflüsse auflehnt. Dann treten echte Dichter auf und reißen ihre Generation mit sich, eine Rolle, wie sie die Romantiker spielten. Zwar hatten die Klassiker Meisterwerke geschaffen, deren wir uns noch bestens erinnern, aber die Zeit der Tragödien war vorüber, als Chateaubriand und seine Nachfolger dem neuen Jahrhundert eine neue Dichtkunst brachten: die wahre Poesie unseres Jahrhunderts.

Es wird oft darauf verwiesen, daß literarische Dekadenz auf schlechtem Geschmack und Zusammenhanglosigkeit der Ideen und Bilder beruhe. Aber beides findet sich auch bei den schöpferischen Genies, bei Dante, Shakespeare, Goethe. Allerdings ist schlechter Geschmack eher ein Mangel an Maß und Selbstkritik als ein Mangel an Fähigkeit, Gedanken und Bilder vorzulegen. Andere sehen den Verfall im Triumph des kritischen und analytischen Geistes, der den Aufschwung des schöpferischen Genies lähme. So heißt es denn, daß die Zeiten der Dekadenz mehr wissen und weniger können, was uns keineswegs einleuchtet.

Wenn auf die von uns angedeutete Weise über die Unterscheidung zwischen den klassischen und den dekadenten Epochen gestritten wird, wird das Problem in Wirklichkeit niemals vom wissenschaftlichen Standpunkt aus betrachtet. Nach unserer Ansicht steht die Frage der literarischen Dekadenz insofern mit biologischen und soziologischen Problemen in Verbindung, als sie nur als das *Symptom* eines vorübergehenden oder endgültigen Verfalls im Gesamtleben eines Volkes oder einer Rasse gelten kann. Und da das Leben eines Volkes dieselben biologischen Phasen aufweist wie das Leben einer großen Persönlichkeit, gilt es, vor allem in einer Epoche wahren Verfalls nach denjenigen Zügen zu suchen, die den Verlust an Kraft kennzeichnen. Gewiß bringt ansteigendes Alter beim Individuum Verfallserscheinungen hervor, doch müssen sich diese nicht notwendigerweise mit moralischer Verkommenheit verbinden. Ganz im Gegenteil: Ihr Verstand sieht die Dinge von einer viel höheren Warte und mit größerer Unbefangenheit. Die Abschwächung der Kräfte ist nicht mit einem Verkommen derselben gleichzusetzen. Nur alte Leute, die sich jung geben wollen, sind wahrlich verkommen; denn dann zeigen sich die echten Laster moralischer und intellektueller Dekadenz. Leider trifft man in der Literatur nur allzu oft auf jene Alten, die sich bemühen, die Jugendlichen und Koketten zu spielen. Das Nachlassen der Tatkraft und des Geistes geht bei manchen Greisen oft mit einer Zunahme der Macht der Gewohnheit zusammen, mit vorgeprägten Ansichten, in denen sich das Leben einsperrt. Im Verlaufe des Lebens bleibt es unvermeidlich, daß sich ein gewisser Automatismus herausbildet, ohne daß dieser durch eine Zunahme an innerer Energie ausgeglichen würde. Das gleiche Phänomen zeigt sich bei im Verfall begriffenen Gesellschaften und ihren Schriftstellern.

Sie sind wie Automaten, die ohne müde zu werden unentwegt feststehende Formeln wiederholen, aus der Erinnerung heraus Gedichte und Tragödien fabrizieren, Sonette nach einem bestimmten Schemata verfertigen und nur in Flickwerken denken. Worte und Sätze, die sie sorgfältig glätten, fallen ihnen vor der Idee ein – nur Neues darf man von ihnen nicht verlangen, denn dabei käme nur Ungeschicktes, Abgehacktes und Verschrobenes heraus. Überdies geht bei alten Menschen mit dem Nachlassen der Tatkraft oft ein Abstumpfen des Empfindungsvermögen einher, und zwar erweisen sich nicht nur die Sinneseindrücke sondern auch Gefühle und Emotionen als abgenutzt, was bei manchen zu einer Perversion der Sinne führt. Es bleibt dann der senil gewordenen Vorstellung nichts anderes übrig, als Empfindungen durch Raffinement und reizvolles Kolorit zu beleben. Wahrscheinlich waren die entartetsten und geschicktesten Wüstlinge Greise. Alle Züge einer verdorbenen Phantasie finden sich in den Vorstellungen dekadenter Epochen wieder. Alle dekadenten Gehirne, von Petronius bis zu Baudelaire, gefallen sich in obszönen Bildern, und ihre Sinneslust ist fast immer mehr oder weniger unnatürlich. Selbst ihr Stil ist widernatürlich, indem sie überall das Neue im Verdorbenen suchen. So wie Greisenhaftigkeit griesgrämig ist, ist Literatur dekadenter Perioden pessimistisch. Sie pflegt den Kult des Bösen und ist zugleich sinnlich und schmerzbewegt.

Die Dekadenz ist für eine Gesellschaft wie für ein Einzelwesen die Abschwächung und Perversion der Lebenskraft, jener „Gesamtheit der Kräfte, die dem Tode widerstehen". Da eine Gesellschaft ein Organismus mit einem Kollektivbewußtsein und einem gemeinsamen Willen ist, kann sie nur durch Gemeinschaftsgeist und Übereinstimmung der Individuen – ihre elementaren Organe – bestehen. Dieser Gemeinschaftsgeist zeigt sich in der Unterordnung des Einzelwillens unter den Allgemeinwillen, was letztlich die staatsbürgerliche Moral ausmacht. Allerdings ist zu berücksichtigen, daß mit fortschreitender Zivilisation auch immer mehr individuelle Eigenarten nach vorne treten. Sie können beim Verfall ursächlich werden, wenn sich die Individualität angesichts ihrer zwangslosen und gehaltvolleren Entwicklung nicht mehr freiwillig dem sozialen Ganzen unterordnet. Das Gleichgewicht zwischen ansteigender Individualität und Gemeinschaftsgeist zu erhalten, stellt eines der schwierigsten Probleme moderner Gesellschaften dar. Denn sobald dieses Gleichgewicht zum Vorteil der Ausnahmestellung und des Egoismus individueller Eigenarten gestört wird, entsteht eine Schwächung des sozialen Wohlergehens und Unruhen, Krankheiten, physische und moralische Dekadenz machen sich breit. Was Egoismus betrifft, zeigt er sich vor allem in der Sucht nach individuellem Vergnügen sowie in der Konzentration der Willenskraft auf die eigene Person. Es zeigen sich Hochmut, Neid, Wollust und Gefräßigkeit, Geiz, Luxus, Faulheit und Zorn, diese Todsünden der Sittenlehre, die sich auch als die Krankheiten einer Gesellschaft manifestieren können. Alle diese Züge und Laster finden sich im Schrifttum der Dekadenz wieder. Es ist dem Hochmut des Künstlers zuzuschreiben, daß er an seine eigene Person mehr als an Wahrheit und Schönheit denkt und mit geschraubtem Wissen, Spitzfindigkeiten und schwülstiger Rede prunkt. In der Suche nach Vergnügen reichen sich Raffinement, Verbitterung und Sinnenlust die Hand.

2. Wie bereits angedeutet, zeigen die Dekadenten eine übertriebene Vorliebe für ein analytisches Gehabe, das letztlich zu einer zersetzenden Macht wird. Die Tat macht einer meist auf das Ich gerichteten, müßigen Bechaulichkeit Platz. Nichts ist unergiebiger, als alle Gefühle der Reihe nach zu prüfen, sie wie ein Stück

Stoff mit der Elle zu messen oder zum Beispiel einen Liebhaber oder eine Geliebte zum Gegenstand einer wissenschaftlichen Untersuchung zu machen. Alles, selbst die Liebe, löst sich dann auf und verliert für den Analytiker seinen Wert. Somit steht für ihn das Ende einer Liebe in keinem Verhältnis zur Leidenschaft, die sie erregt, sondern wird nur als eine große Verwirrung beziehungsweise wegen einer Kleinigkeit als eine Erschütterung im Organismus angesehen. Obwohl ihnen alle Gefühle, von denen die Poesie lebt, sinn- und wertlos sind, nannten sich derlei Analytiker Dichter, Schriftsteller oder Literaturkritiker. Soweit es die vielen Analysen der eigenen Person betrifft, dieser beständigen Sorge um das Ich, so weisen sie ebensosehr auf ein krankhaftes Gehirn wie auf eine krankhafte Literatur hin. Im 17. Jahrhundert hielt man das Ich für hassenswert. Warf man doch Montaigne vor, sich eitel zur Schau zu stellen und selbstgefällig seine Vorzüge und selbst seine Fehler auszubreiten. Im 18. Jahrhundert dann, als sich die Literatur mit ihren Voltaires und Rousseaus fast ein Reich ohne Schranken sowie eine politische und soziale Führerschaft errichtet hatte, begannen sich die Literaten als die neuen Herrscher der Welt anzusehen. Während Rousseau die Selbstgefälligkeit bis zur Torheit trieb, stellte Chateaubriand seinen Hochmut zur Schau und betrachtete sich als der Bonaparte der Literatur. Sodann haben wir auch noch die Lamartines und Hugos, die sich auch nicht gerade durch Demut auszeichnen. Zwar waren die Schriftsteller des 17. Jahrhunderts nicht bescheidener, aber zumindest deuteten sie nicht unentwegt auf ihr eigenes Ich. Schließlich gibt es sowohl eine gerechtfertigte als auch eine ungerechtfertigte Art und Weise, sich mit sich selbst zu beschäftigen, sich zu analysieren und sich den Blicken anderer Leute auszusetzen.

Die Analyse des eigenen Ich besitzt nur Wert als ein Mittel, um über sich selbst hinauszugehen, um sich sozusagen in die uns umgebende Welt zu projizieren, kurzum, um sie zu *entdecken.* Das Ich als Mittelpunkt und Endziel aufstellen, heißt seine wahre Größe verkennen, heißt Gedanken und Sein in ein menschliches Gehirn einsperren, heißt vergessen, daß das Grundgesetz der Wesen und Geister ein ständiges Leuchten ist. Der Schriftsteller, der anstatt sich hinter sein Werk zurückzuziehen, seine ganze Kunst darauf verwendet, die Besonderheiten seines Charakters und die Sandkörner seines Lebens aufzuzeigen, wird nicht einmal dahin gelangen, seine wahre Persönlichkeit hervortreten zu lassen – denn diese gründet sich auf den tiefsten und verborgensten Grundlagen der Gesellschaft. Schon nach einmaliger Lektüre seiner Schriften kennen wir besser die Persönlichkeit eines Pascal als dieser oder jener Person, die uns haarklein ihre Taten, ihre winzigsten Gedanken und Aussprüche vorlegt. Auch die Kritik zählt zu den Opfern dieser literarischen Krankheit. In ihrer tyrannischen Rolle als Spenderin von Ruhm glaubte sie sich der Literatur, die schöpferisch produziert anstatt zu analysieren, überlegen. Der Höhepunkt dieser Entwicklung wurde erreicht, als die Kritik angesichts anderer Werke nur noch von sich selbst spricht, anstatt diese Arbeiten zu würdigen.

Wir leugnen keineswegs, daß die Literatur der Dekadenz oft eine ihr eigene Schönheit besitzt, vor allem eine Schönheit der Form und der Farbe. Doch meist treiben die Dekadenten die Arbeit an der Form bis zum äußersten, um auf diese Weise nicht nur über die eigentliche Unfruchtbarkeit hinwegzutäuschen, sondern auch um Genie durch ein das Genie nachahmendes Talent zu ersetzen. Sicherlich regen geniale Werke zu ähnlichen an, aber sie nachzuahmen ist ebenso schwierig wie künstliche Nachbildung des Lebens. Die Dekadenz in der Kunst beruht auf dem Ersatz des Genies durch das Talent, sie betreibt Schwindeleien, die nach Baudelaire auch dem Genie erlaubt sein sollen. In der Kunst haben Unkenntnis der Methoden und Mangel an Handfertigkeit zahllose Nachteile, allerdings auch einen Vorteil, nämlich daß der Unwissende zumindest aufrichtig ergriffen sein muß, um etwas Nennenswertes zu leisten. Nicht so beim „Könner“. Bei ihm ersetzt das Verfahren die Inspiration, das Konventionelle sowie das spontane Empfinden des Schönen. Gautier, ihrer aller Meister in der Kunst, nichtssagende Verse zu schmieden, schrieb: „Die Dichtkunst ist eine lernbare Kunst, die ihre Methoden, ihre Rezepte, ihre Geheimnisse, ihre Kontrapunkte und ihren harmonischen Satz hat.“ Leider vergißt er, daß der Kontrapunkt ohne Inspiration niemanden zum Musiker macht. Und was er von der Dichtkunst sagt, bezieht sich nur auf die Metrik, die sich von jener wie die

Harmonielehre vom musikalischen Genie unterscheidet. Indem man so Kunst um der Kunst willen macht, entzieht man der Literatur das Leben, macht sie ziellos und entkräftet sie. Schließlich verdankt jede Handlung größtenteils ihren hervorstechenden Zug dem Ende, welches sie rechtfertigt. Eine Arbeit ohne Ziel erbittert, bringt Lebensüberdruß hervor bei denjenigen, die nicht zu arbeiten haben, um zu leben, oder jene Langeweile, die die reinen Literatur-Formalisten erfahren und bewirken.

Jede Verwirrung der Wechselwirkung und Abhängigkeit der Organe deutet in der Organisation des Stils wie im individuellen und sozialen Leben auf ein Zeichen des Verfalls hin und bringt die Verwirklichung des Egoismus in der Form der Kunst hervor. Anstatt daß sich die Teile zum Ganzen fügen, richtet sich in einem dekadenten Werk das Ganze nach den Teilen. So wird nicht nur die einzelne Seite „unabhängig", sondern erlangt überdies eine größere Bedeutung als das ganze Buch, bis dahin, wo der Abschnitt wichtiger wird als die Seite, der Satz wichtiger als der Abschnitt und schließlich das Wort wichtiger als der Satz. Das Wort ist in der Tat der Tyrann der dekadenten Literaten: seine Verehrung ersetzt die Idee. Anstelle der Wahrheit und somit des Gebots oder der Tat sucht man den *Effekt,* das heißt etwas Aufsehen erregendes, das dem Leser eine Stärke des Autors zeigen soll, die in Wirklichkeit nichts anderes bezweckt, als zugleich den Hochmut des einen und die Sinnlichkeit des anderen zu befriedigen. Es gibt im Grunde genommen keine ärmlichere literarische Sprache als diejenige, die sich aus erkünstelten oder nur selten gebrauchten Ausdrücken zusammensetzt, weil sie sofort auffallen und zu ermüdenden Wiederholungen führen, sobald sie erneut verwendet werden. Die abgöttische Verehrung der Form führt meistens zur Mißachtung des Wesentlichen. Alles wird Sache des schönen Stils, selbst das Laster. Um so erstaunlicher lesen sich die folgenden belehrenden Sätze, die Baudelaire, der Verfasser der „Blumen des Bösen", in einer philosophischen Abhandlung von sich gegeben hat: „Der reine Verstand trachtet nach der Wahrheit, der Stil zeigt uns die Schönheit und das moralische Empfinden lehrt uns die Pflicht. Es ist wahr, daß der Sinn für die Mitte in inniger Verbindung mit den beiden Extremen steht. Der Mittelweg weicht nur so wenig vom moralischen Empfinden ab, daß Aristoteles nicht gezögert hat, unter die Tugenden einige seiner heikelsten Unterfangen einzureihen. Was den Menschen mit Schönheitssinn beim Anblick des Lasters am meisten aufbringt, ist dessen Häßlichkeit oder auch dessen Mißverhältnis. Das Laster beeinträchtigt Gerechtes und Wahres, versetzt Intellekt und Gewissen in Aufruhr, und als Verhöhnung der Harmonie, als Mißklang wird es vor allem gewisse poetische Geister verwunden. Indes glaube ich nicht, daß es anstößig sein sollte, jeden Verstoß gegen die ach so wohlgestaltete Moral als eine Art Vergehen gegenüber dem Ebenmaß und die vielseitige Prosodie anzusehen."

Warum dann schrieb Baudelaire die „Blumen des Bösen" und besang das Laster? Der niederdrückende und verderbliche Einfluß, den Baudelaire auf die Literatur seiner Zeit ausgeübt hat, läßt sich schwerlich in Abrede stellen. Vor allem paßte er viel besser zu seiner Zeit als zu der unsrigen, und zwar nicht im wahren Sinne des Wortes als ein Vorbild sondern eher als eine sich als indirekt erweisende Quelle des Einflusses. Sein Leben spielte sich in einer Zeit ab, als sich die Gewöhnung an die Ideen der absoluten Verneinung noch nicht verfestigt hatte, so daß diese noch neuartigen Gedanken auf gewisse Veranlagungen durchaus verschieden wirken mußten. Beispielsweise brachte Baudelaire eine unbegründete und ungeheure Furcht vor dem Tode zum Ausdruck. Dabei ist es genau betrachtet eigentlich nicht die Angst vor dem Tode als solchem, die immer wieder angesprochen wird, sondern weit eher das rein physische Grauen vor dem Verderben. Er gefällt sich in der Beschreibung der Verwesung, beschwört Skelette, träumt von Leichnamen und erinnert so an das Kind, welches das Dunkel fürchtend abends vor die Türe geht, um den großen Schauer der Nacht zu fühlen. Da es weit eher der Taumel des Grauens ist als der des Abgrunds, von dem Baudelaire ergriffen ist, wird er dahin geführt, das Grauen und das Schauderhafte in allen seinen Formen zu besingen.

Wenn wir uns ansehen, was unsere Zeitgenossen aus dieser Todesbeklemmung gemacht haben, finden wir sie zum Beispiel bei Pierre Loti weitaus ausgebauter wieder, was zeigt, daß Gefühle oder Vorstellungen sowohl vorrücken als auch in Verfall geraten können. Der einzige Berührungspunkt zwischen Baudelaire und Loti ist die immerwährende Gegenwärtigkeit des Todes. Das gesamte Werk Lotis durchzieht das im Wind des Meeres aufgegangene Wehen des Todes. Der unvermeidliche, immer nahe Tod verleiht dem Leben seinen unendlichen Wert, die Nähe des Schattens läßt das Licht heller und sanfter scheinen. Das Unbekannte des Todes vermischt sich für Loti mit jeder Lebensäußerung. Jeder Blick, jedes Lächeln, jedes flüchtige Zeichen und jedes Wort läßt bei ihm ein Anzeichen von Tiefsinn und Geheimnis erkennen. Ein Entsetzen ergreift ihn, dem er nur die Liebe entgegenzuhalten weiß. Indem Loti der Poesie des Todes die des Lebens hinzufügt, idealisiert der Tod das Leben, während er in den Augen Baudelaires das Leben entstellt. Ein anderes Beispiel für die Schnelligkeit, mit der sich die Empfindungen und mit ihnen die literarischen Eingebungen wandeln, bietet im Gegensatz zum realistischen Pessimismus eine aus England kommende, sehr zarte Poesie voller feiner Schattierungen. Bei Dante Gabriel Rossetti zum Beispiel gleicht das Licht einem fortwährenden Mondschein und alle Bilder erinnern eher an von den Dingen in uns hervorgerufene Eindrücke als an die Dinge selbst.

Indem unsere Symbolisten diese Poesie des Traumes bis aufs Äußerste getrieben haben, mußten sie bei einer Dichtkunst des einfachen und schieren Eindrucks enden. Sie verlangen vom Eindruck weder den Grund, der ihn herbeigeführt hat noch den darin enthaltenen Gedanken, solange er nur anmutig und vor allem verschwommen ist. Eine solche Auffassung von der Dichtkunst mag vielleicht dem Dichter genügen, da seine Verse bei ihm selbst eine Menge ergänzende und erklärende Gedankengänge hervorrufen mögen, aber um den Leser ist es ganz anders bestellt. Bei ihm wird wahrhaftig die Gabe des Vorherwissens vorausgesetzt, wenn er einen poetischen Eindruck nachempfinden soll, über dessen Entstehung ihm nichts gesagt wird. In Wirklichkeit liegt ja die Ursache der Eindrücke, die wir von den Dingen haben, in uns selbst geborgen, und um irgendjemanden daran teilnehmen zu lassen, gilt es zunächst, den geistigen Zustand aufzudecken, der sie hat entstehen lassen. Bloße Aufzählungen und Feststellungen von Gedanken oder Tatsachen bedeuten an sich noch gar nichts.

Der Dichter muß den Schlüssel liefern, das heißt die Bedeutung dartun, die sie für ihn hatten, so daß sie durch Einfühlung auch den Geist der Leser erreicht.

Nachdem Malerei und Bildhauerei in Verse gesetzt worden sind, will man jetzt auch noch Musik in Verse bringen, was dadurch geschieht, das unverständliche, sich symbolisch nennende Sätze zusammengefügt werden, die alles ausdrücken können, weil sie nichts ausdrücken. Die Klassiker mit ihren wohlgeordneten und dennoch nie zu unterscheidenden Gattungen hatten in die Literatur gewiß künstliche Klassifikationen eingeführt; dennoch gehörte viel dazu, sie alle durcheinander zu bringen. Bewußt gewollte Unklarheit sowie systematische Unverständlichkeit, auf die die Symbolisten hinzielen, sind nichts anderes als Formen intellektueller Unsoziabilität.

Paul Bourget, ein ausgezeichneter Psychologe unter unseren Schriftstellern, hat eine Art Apologie der Dekadenz und der sogenannten „ungesunden“ Literatur vorgelegt. Nach seiner Meinung ist das Wort „ungesund“ ungenau, wenn man darunter einen Gegensatz zu einem natürlichen und ebenmäßigen Seelenzustand verstehen will, das heißt den Gegensatz zwischen der Gesundheit und einem verdorbenen und unnatürlichen Zustand. In dieser Aussage scheint sich Richtiges mit Falschem zu vermengen. Richtig ist, daß alles, selbst Ungeheuerlichkeiten, Krankheiten und auch Tod gewissen Gesetzmäßigkeiten unterliegt. Aber es ist falsch, daß es keine Ungeheuerlichkeiten, Krankheiten oder Tod für den Mediziner und selbst für den Physiologen oder gar den Soziologen gebe. Alle haben sie das Recht und die Pflicht, Zunahme oder Abnahme der Lebenskraft in der Organisation, deren Gesetze sie erforschen, festzustellen. Der von den „Evolutionisten“ immer wieder bezeugte Determinismus hindert sie keineswegs anzuerkennen, daß mit Bezug auf die Lebenskraft dieses Individuum, diese Gattung oder jene Gesellschaft voranschreitet oder verfällt. Zu sagen, daß Krankheiten ebenso wie Ungeheuerlichkeiten normal seien, weil sie schicksalhaft sind, daß sie der Gesundheit gleichkommen, weil ja auch sie natürlich seien, heißt ein Kriterium des *natürlichen Wertes* verkennen, das in der Stärke und der Ausdehnung des Lebens gelegen ist sowie im Bewußtsein und im

Glück. Nur ein Vorurteil, in dem die alte Lehre von den Endursachen und dem Glauben an einen Endzweck des Universums wieder auflebt, meint Paul Bourget, läßt uns die Liebe von Daphne und Chloë in ihrem kleinen Tal als „natürlich" und „gesund" erscheinen, Baudelaires Beschreibung von Liebeleien hingegen als mit Besorgnis um sinnlichen Tiefsinn versehen.

Man braucht durchaus nicht die alten „Endursachen" oder den „Endzweck" des Universums zu bemühen, um das Gesetz der Evolution anzuerkennen und demgemäß zu begreifen, daß die stärkere und ausgedehntere, die bewußtere und glücklichere Lebenskraft für sich und die anderen auch die höherstehende, lebendigere und dauerhaftere ist. Die Liebe von Daphnis und Cloë ist schöpferisch, sie neigt dazu, „das Leben zu befördern", wie die Engländer sagen. Die Liebeleien des Boudoirs hingegen sind unproduktiv, sie neigen dazu, das Leben zu schwächen, zu entstellen, oft gar zu vernichten. Und was Baudelaires Verlagerung des „Heimatortes der Sprache der Seele" in die prächtigen Zimmer, die unergründlichen Spiegel und die orientalischen Herrlichkeiten betrifft, so ist dies eine seiner zahlreichen Ungereimtheiten, von denen seine Verse überfließen und überdies an ihnen oft das einzig originale. Dieser ganze falsche und unwirkliche Prunk sowie dieser unnütze „Orientalismus" haben weder etwas mit dem Heimatort der Sprache des Lebens noch dem der Seele zu schaffen: sie sind nichts anderes als ein künstlicher Traum einer von romantischen Vorstellungen herrührender Literatur. Vom soziologischen Gesichtspunkt aus gesehen ist die dekadente Literatur ebenso *unwahr* wie sie physiologisch und moralisch gesehen *ungesund* ist.

Es ist ein Irrtum von seiten der Verteidiger der Dekadenz zu glauben, die dekadente Literatur verfüge über mehr Vielfältigkeit als jede andere, weil sie mehr Raffinement, Sinnlichkeit und intellektuelle Liebhaberei zeige. Es stimmt einfach nicht, wenn Paul Bourget sagt, daß die römische Dekadenz einen außerordentlich reichen Schatz an menschlichen Errungenschaften hervorgebracht hat. Ganz im Gegenteil, sie markiert das Ende der Errungenschaften und den Anfang von Verlusten jeder Art. Vom Gesichtspunkt einer lebenswichtigen und sozialen Entwicklung aus schließt die Zunahme an Vielfältigkeit notgedrungen eine parallel verlaufende Zunahme an Einheit, Unterordnung und Organisation in sich ein: Der Verfall bringt Vereinfachung hervor und nicht Vielfältigkeit. Im Grunde genommen ist ja denn auch Baudelaires Literatur recht anspruchslos. Verbirgt sich doch unter ihrem üppigen Mantel nicht nur eine vollständige Armut an Ideen, sondern auch an Gefühlen und Leben. Auf Umwegen kehrt sie zu der Poesie der Sensationen, der unzusammenhängenden Bilder und der tönenden hohlen Worte zurück. Die angeblichen „Verfeinerer" sind sich verkennende „Vereinfacher", sind Übersättigte, die glauben, „alle Ideen ausgeschöpft" zu haben, obwohl sie noch nicht eine einzige Idee angetastet haben. Es ist geradezu einfältig, die Dekadenten als zu einer sozialen Elite gehörend anzusehen. Sehen sie sich doch aus freien Stücken eingereiht in die Gruppe der „menschlichen Nicht-Werte", der Unproduktiven, der Machtlosen, der für das soziale Leben Ungeeigneten, der Untauglichen, kurz der Dummen. Spinoza, dem Fatalisten der Fatalisten, wäre es nicht schwer gefallen aufzuweisen, daß die „Verderbtheit" einen weitaus weniger verworrenen Zustand an Kraft und Bestand ausmacht als die „Gesundheit" der Jugend, und drum auch weniger wohlgestaltet ist. Es bleibt eine optische Selbsttäuschung, wenn sich ein Dekadenter für verfeinert hält, weil er dem Licht und den Farben des Lebens die „Phosphoreszenz der Verderbtheit" vorzieht. Die Zersetzung des Lebenswichtigen – sowohl in der Gesellschaft als auch in der Kunst – läßt sich als das Merkmal des Verfalls ansehen. Die Literatur der Dekadenten wie auch die der Unausgewogenen zeichnet sich durch das Vorherrschen von Trieben aus, die darauf zielen, die Gesellschaft selbst zu zersetzen. Aus dieser Sicht ist sie zu beurteilen.

III.
Die moralische und soziale Rolle der Kunst

Die oft aufgeworfene Frage, ob Literatur und Kunst moralisch oder unmoralisch sind, läßt sich nach unserer Ansicht unter einem neuen Gesichtspunkt untersuchen. Und zwar würde es sich dabei darum handeln festzustellen, in welchem Ausmaß und in welcher Abstufung es wünschenswert wäre, die Grundlage der Literatur und der Kunst, nämlich die Soziabilität zu erweitern, da in der Tat ein gewisser Widerspruch zwischen der allzu raschen Ausdehnung der Soziabilität und der Aufrechterhaltung aller sozialen Neigungen besteht. Denn zum einen ist eine zahlenmäßig große Gesellschaft weniger wählerisch und zum anderen geht mit einer Zunahme der Soziabilität ein Anwachsen der Aktivität Hand in Hand: je mehr man handelt und handeln sieht, desto mehr auseinanderlaufende, nicht immer „gerade" Wege eröffnen sich der Aktion. Auf diese Weise vergrößerte die Kunst allmählich ihre Beziehungen und brachte uns in die Gesellschaft der Helden Emile Zolas. Das aristokratische Reich der Kunst des 18. Jahrhunderts hingegen ließ kaum Tiere in ihre Mitte und schloß fast auch ganz die Natur, die Berge und das Meer aus. Man erinnere sich des Urteils, das Vauvenargues und mit ihm das ganze 18. Jahrhundert über La Fontaine, diesen einzig dastehenden Vertreter des Tier- und Naturlebens und fast des Natürlichen überhaupt, fällte: „Weder hat er in einem würdigen Genre geschrieben, noch würdevoll."

Unsere Kunst ist immer demokratischer geworden und hat schließlich die Gesellschaft der lasterhaften Menschen die der sittsamen vorgezogen. Außerdem bringt die Kunst mehr und mehr die Leidenschaft ins Spiel. Die künstliche Erregung einer bestimmten Leidenschaft kann zwar, wie Aristoteles sagte, eine Art Reinigung und ästhetische Läuterung hervorbringen, sie kann aber auch das Streben nach dieser Leidenschaft verstärken. Geschieht dies, dann entsteht ein Bruch im inneren Gleichgewicht, eine Richtungsveränderung des Willens. Für den Verstand faßt das Werk des Dichters oder Romanschriftstellers Emotionen, Leidenschaften und Laster in Worte, für das Empfindungsvermögen erfüllt er sie mit Leben. Er spricht das Wort aus, welches man suchte, bringt die Saite zum Tönen, die bis dahin stumm geblieben war. Das literarische Werk ist wie das Gebot eines genialen Wesens ein Mittelpunkt der Anziehung. Es ist eine zum Guten oder zum Bösen hinführende „Suggestion", deren Einfluß umso größer ist, je stärker sie sich in einfacher Form zur Schau stellt. Das Gleiche gilt für das Prinzip der „Nachahmung", einem der grundlegenden Gesetze der Gesellschaft und auch der Kunst. Selbst wenn es sich um edle Leidenschaften handelt, birgt die Kunst angesichts einer angenehmen Wiedergabe dennoch die Gefahr, sie mit einer außerhalb der Wirklichkeit liegenden Stütze zu versehen, mit der sie sich zufrieden zugeben haben. Es ist wahrlich leicht, sich bei der Lektüre von Werken, die Mut- Heldenhaftigkeit und Großzügigkeit schildern, selbst mutig, heldenhaft und großzügig zu fühlen. Doch wenn es dazu kommt, diese bewunderten Eigenschaften in die Tat umzusetzen, mag die hierzu notwendige Kraft so abgeschwächt sein, daß man sich letztlich an eine platonische Liebe für die moralischen und sozialen Tugenden hält. Auf jeden Fall hat sich diese verweichlichende Wirkung der Kunst bei Völkern feststellen lassen, die sich zu sehr ihrer Neigung zur Kontemplation und Phantasie hingaben, um mitunter jedwede Tatkraft zu verlieren. Da die Kunst und besonders die realistische Kunst eine gewisse emotionale Intensität hervorzubringen sucht, appelliert sie mit Vorliebe an diejenigen Leidenschaften, die bei den Menschen am stärksten emotionsgeladen sind: die elementaren, primitiven und instinktiven Leidenschaften. Wie Soziologen bemerkt haben, folgt daraus besonders das Bestreben der realistischen Kunst, den Menschen stets unter dem Einfluß seiner mehr oder weniger niedrigen „atavistischen Neigungen" zu halten, wie zum Beispiel Haß, Rache, Zorn, Eifersucht, Neid, Sinnlichkeit usw. Die Kunst ist eben zugleich ein Mittel, die Zivilisation voranzutreiben als auch aufzuhalten, wodurch sie eine gewisse Kulturlosigkeit aufrechterhält.

Letzten Endes wird alles von dem Gesellschaftstypus abhängen, mit dem der Künstler uns in Einklang zu bringen wünscht; sei es eine vergangene, gegenwärtige oder zukünftige Gesellschaft sowie deren unterschiedliche soziale Gruppen. Die Kunst muß sich im gemeinsamen Interesse von Ästhetik und Ethik ihre Gesellschaft auswählen. Und wenn sie, wie wir in den vorhergehenden Kapiteln gesehen haben, sich hierbei den Gruppen der Unausgeglichenen, der Nervenkranken, der Verrückten oder der Verbrecher zuwendet, dann muß sie damit rechnen, daß dieser Exzeß an künstlerischer Soziabilität bei einer Schwächung des sozialen und moralischen Bandes endet. Wir verlangen keinesfalls, daß der Künstler eine moralische These zu unterstützen habe oder mit den Mitteln der Kunst einen moralischen Zweck zu erreichen suche, und verdammen durchaus nicht „jede Äußerung des poetischen Talents ohne äußeren Zweck". Jedoch die höchsten Gedankengänge des Geistes, die nach unserer Meinung das Thema der großen Poesie und der großen Kunst sind, stellen wir uns als im Inneren der Dichtkunst selbst liegend vor, ja, als Grundbestandteile der Seele des Dichters oder des Künstlers. Und was den äußeren Zweck betrifft, den sich der Poet zum Ziel gesetzt hat, möchten wir mit den Worten Schopenhauers sagen, daß im Kunstwerk die Absicht nichts gilt. Die Moralität des Dichters muß ebenso spontan sein wie sein Genie, sie muß sich mit ihm vereinen.

Da sich die ästhetische Emotion großenteils auf eine kraftvolle Übertragung zurückführen läßt, ist es verständlich, daß starke literarische Genies bereitwillig darauf beharren, eher das Laster als die Tugend herauszustellen. Das Laster darf als Höhepunkt von Leidenschaften eines Individuums angesehen werden, die von Natur aus äußerst ansteckend sind, je stärker sie sich zeigen. Ebenso wie auf physischem Gebiet die Krankheit ansteckender ist als die Gesundheit, ebenso sind auf moralischem Gebiet beispielsweise Zorn oder überspannte Sinnlichkeit viel ansteckender als die Seelenruhe des Gerechten. Selbst wenn die Tugend als Vorwurf für ein Drama oder einen Roman dient, sind es gewöhnlich die leidenschaftlichen Bestandteile der Tugend, die Leidenschaft des Mitleids, der Hingebung usw., die vom Schriftsteller mit Vorliebe abgehandelt werden. Leider kann die „Leidenschaft der Tugend" für die Kunst nur ein verhältnismäßig beschränkter Bereich sein, denn sie ist dem Schreibenden eine Leidenschaft wie jede andere und verliert sich gewissermaßen unter all den anderen. Überdies ist es außer in besonderen Fällen von Heroismus ihr Bestreben, störende und somit dramatische Elemente des Lebens zu beseitigen und nicht zu vermehren. Die Tugend möchte daher lieber zarte Emotionen hervorbringen, die sich allerdings auch weniger schnell übertragen. Wenn schon dies allein genügend Gründe sind, warum Romanschriftsteller und Dramatiker lasterhafte Charaktere den sittlichen vorziehen, so kommt noch hinzu, daß sich die Entwicklung eines tugendhaften Charakters im Inneren des Menschen abspielt, während die Verdorbenheit einer Person durch tausend dramatische Ereignisse hervorgerufen sein kann.

Wenn sich nun die modernen Schriftsteller nicht nur mit dem Studium der Laster oder glühender Leidenschaften befassen, sondern auch mit Ungeheuerlichkeiten, dann lassen sich hierfür mehrere Gründe anführen. Zunächst einmal ist es wissenschaftliche Neugierde, die dazu führt, dem Spezifischen von Anomalien nachzugehen. Lassen sich doch an krankhaften Zuständen sowohl der Verfall unserer verschiedenen Fähigkeiten als auch der Grad, mit dem sie ihm widerstehen, feststellen, womit sich gleichzeitig gewisse Regeln für das physische oder psychische Wohlergehen erkennen lassen. Der zweite Grund ist der, daß man mit der Schilderung außergewöhnlicher oder ungeheuerlicher Wesen bei der Masse viel leichter Mitleid oder Lachen hervorruft. Und drittens läßt sich mit derlei Darstellungen Neugier, möglicherweise auch Interesse erwecken, auf jeden Fall aber Aufsehen erregen. Auf diese Weise entzieht man dem Sinn der Kunst (und nicht nur ihrer Form) die Grundlage; man erniedrigt, verfälscht und entartet sie. Es läßt sich nun mal nicht die Schilderung der Sittenlosigkeit im Namen der Moral rechtfertigen. Folgt man diesbezüglich den Ansichten Zolas, dann begibt sich der Romanschriftsteller auf die Suche nach den Ursachen des sozialen Übels. Er zergliedert sorgfältig Klassen und Individuen, um „Störungen, die sich in der Gesellschaft und beim Menschen zeigen“ zu erklären, was ihn oft dazu zwingt, sich „verdorbenen“ Themen zuzuwenden und in das Milieu des Elends und der menschlichen Torheiten hinabzusteigen. „Keine Arbeit“, so schreibt er, „wirkt mehr auf sittliche Besserung hin, als die unsere, zumal sich auf ihr das Gesetz gründen muß . . . Wir betreiben angewandte Soziologie und helfen mit unserer Arbeit den politischen und ökonomischen Wissenschaften. Ich kenne keine edlere Beschäftigung, noch eine breitere Verwendung“.

Damit wären wir wieder bei den Hoffnungen der romantischen Epoche: *Sitten* zu reformieren und *Gesetze* zu bewirken. Doch das ist nicht mehr die Kunst für die Kunst, sondern die Kunst für die Gesetzgebung. Sicherlich ein lobenswertes und wie wir gesehen haben auch ein berechtigtes Vorhaben, gegen das sich allerdings die Ausführungen in den naturalistischen Romanen selbst richten. Gewiß kann das in ihnen enthaltene Lächerliche eine der Triebfedern des sittlichen Lebens sein, denn man braucht sich weder zu scheuen, einfältig lächerlich zu sein, noch über die Lächerlichkeit der Menschen zu lachen. Doch bleibt die Darstellung von Lastern weitaus gefährlicher als die von Lächerlichkeiten und schlichten Leidenschaften. Mit Recht hat man gesagt, daß eine Predigt über die Sittsamkeit nur schwerlich sittsam sein kann – wie verhält es sich dann mit einem Roman über die Ausschweifung? Schriftsteller, die es sich angelegen sein lassen, „Physiologen“ zu sein, sollten vor allem nicht die physiologischen Wirkungen der Suggestion übersehen. Und was die „Gesetzgeber“ betrifft, so bedürfen sie nicht der Romane, um soziale Laster dieser Art und ihre Abhilfe zu ergründen – sie werden sich an die Fachgelehrten zu wenden haben.

Angesichts der Tatsache, daß die Kunst recht eigentlich ein Phänomen der Soziabilität ist, trägt sie unzweifelhaft einen sozialen Wert in sich. Wo immer sich ihre Wirkung geltend macht, führt sie dazu, die Gesellschaft entweder voranzubringen oder zurückzusetzen, je nachdem, ob sie mittels der Vorstellungskraft für eine ideal dargestellte bessere oder schlechtere Gesellschaft Sympathie empfinden läßt. Darin besteht die der Kunst innewohnende Moralität, die nicht das Ergebnis einer Berechnung ist, sondern ohne Erwartung und Endzweck auftritt. Die echte künstlerische Schönheit ist aus sich selbst heraus auf sittliche Besserung hinwirkend, sie ist Ausdruck der wahren Soziabilität. Im allgemeinen vermag man die intellektuelle und moralische Gesundheit desjenigen, der ein Werk verfaßt hat, in dem Geist *wahrer* Soziabilität erkennen, von dem es durchdrungen ist. Schließlich ist das große Kunstwerk nicht nur dazu da, um in uns heftigere Empfindungen zu erwecken, sondern edlere und sozialere Gefühle. „Die Ästhetik ist nur eine höhere Gerechtigkeit“, sagte Flaubert. In Wirklichkeit ist die Ästhetik nur eine Bemühung, irgendwie Leben zu schaffen, ein Leben, das nur die tatkräftige Wiedergabe unseres eigenen Lebens mit allen seinen Ungerechtigkeiten, seinem Elend, seinen Leiden, seinen Torheiten und selbst seinen Schandflecken sein kann.